MY GRAMMAR COACH 기초편

KB211567

| 교재
내용
문의 | 교재 내용 문의는 EBS 중학사이트
(mid.ebs.co.kr)의 교재 Q&A
서비스를 활용하시기 바랍니다. | 교 재
정오표
공 지 | 발행 이후 발견된 정오 사항을 EBS
중학사이트 정오표 코너에서 알려 드립니다.
교재 검색 → 교재 선택 → 정오표 | 교재
정정
신청 | 공지된 정오 내용 외에 발견된 정오 사항이 있다면
EBS 중학사이트를 통해 알려 주세요.
교재 검색 → 교재 선택 → 교재 Q&A |

중학 내신 영어 해결사
MY COACH 시리즈

MY GRAMMAR COACH	기초편, 표준편
MY GRAMMAR COACH 내신기출 N제	중1, 중2, 중3
MY READING COACH	LEVEL 1, LEVEL 2, LEVEL 3
MY WRITING COACH 내신서술형	중1, 중2, 중3
MY VOCA COACH	중학 입문, 중학 기본, 중학 실력

〈 MY GRAMMAR COACH 기초편 〉에는
이런 의도를 담았습니다

1 문법과 어휘의 결합

〈MY GRAMMAR COACH 기초편〉은 문법을 처음 대하거나 기초가 부족한 중학생을 대상으로 한 교재입니다. 이 단계의 학생들은 어휘력이 부족한 경우가 많습니다. 문장의 구조를 이해하는 것과, 모르는 단어를 새로 익히는 것이 서로 간섭을 해서 어느 하나에 집중하지 못할 수 있습니다.

이러한 학생들을 위해, 일단은 기초 단어를 알고 문법을 접하도록 구성하였습니다. 각 Unit이 시작하기 전에 제시되는 단어들은 교육과정의 초등 권장 단어 중 모를 만한 단어(bus, school, boy와 같은 완전 기초 단어 제외), 그리고 중 1-2 교과서에 자주 쓰이는 단어 중에서 선정하였습니다. 미리 단어의 뜻을 익히고 들어가면, 어휘에 대한 부담 없이 문법적인 이해에만 집중할 수 있습니다.

각 Unit에 사전 제시된 단어들은 모두 해당 Unit의 예문에 사용됩니다. 중요하다 싶은 단어들은 가능한 반복해서 사용하도록 예문을 구성하였습니다. 책을 따라가다 보면, 별도의 어휘 공부를 하지 않아도 자연스럽게 중1-중2 초반의 어휘를 습득할 수 있습니다.

2 개념을 튼튼히 세운다

영문법을 어려워하는 학생들이 가장 많이 호소하는 것은 개념을 모르겠다는 것입니다. 이 학생들은 영문법이 모호한 용어, 까다로운 규칙의 끝없는 연속처럼 느껴진다고 불평합니다. 의미, 배경, 용도를 모른 채 수백 개의 용어와 규칙을 암기하는 것은 어려운 일입니다.

〈MY GRAMMAR COACH〉는 까다로운 문법 용어를 일상적인 말로 쉽게 풀어 줍니다. 규칙에는 배경 설명을 두어, 왜 그런 규칙이 필요한지, 그 규칙을 어디에 사용하는지를 알게 합니다. 또, 규칙들을 개별적으로 다루지 않고 큰 원리로 묶어 설명함으로써, 바탕이 되는 근본 개념을 이해하게 합니다.

특히 우리말과 영어를 비교 설명하는 것이 커다란 특징입니다. 현장 테스트 결과, 우리말과 영어의 유사점, 차이점을 바탕으로 영문법을 설명할 때, 학생들이 느끼는 영문법에 대한 생소함, 거부감이 크게 줄고, 배운 영문법을 이용해 써 보려고 하는 호기심은 크게 늘었습니다. 이미 잘 알고 있는 것을 바탕으로 새로운 것을 받아들일 때 학습이 가장 효과적으로 일어난다는 일반적 이론과도 일치하는 결과입니다.

3 우선순위 문법부터

영문법의 모든 것을 한 번에 다 하려고 하는 것은 무리입니다. 특히 아직 논리적, 지적 사고가 충분히 발달하지 않은 초등 고학년, 중등 저학년 학생들에게는 감당할 수 있는 범위에서 시작해서 차츰 단계를 거치게 하는 것이 중요합니다.

〈MY GRAMMAR COACH 기초편〉은 전체 문법 개념의 바탕이 되는 가장 기본적인 것, 기초 수준 학생들의 지식이나 지적 능력으로 소화가 가능한 우선적인 것들만을 다룹니다. 이해가 까다로운 것, 사용 빈도가 높지 않은 것들은 [표준편]으로 미루었습니다. 이런 것들은 당장 급하지 않으며, [기초편]을 충실히 소화하면 나중에 수월하게 학습할 수 있으리라 생각합니다.

4 문장을 써야 문법을 안다

문장을 써야 문법을 알 수 있습니다. 문법을 알아야 문장을 쓸 수 있는 것이 아니라, 쓰면서 문법을 배운다는 말입니다. 쓰는 과정에서 크고 작은 실수를 하고, 쓰기를 반복하면서 이를 교정하는 것이 문법을 배우는 과정입니다. 이러한 대전제하에 〈MY GRAMMAR COACH〉는 부분 쓰기, 어순 배열, 전체 문장 쓰기 등 다양한 쓰기 활동 중심으로 구성되어 있습니다.

스스로 하면서 체득하는 문법은 뇌에 강하고 오래 유지되는 문법 회로를 만듭니다. 들어서 아는 지식으로의 문법이 아니라, 실제로 쓸 수 있을 만큼 체득된 문법은 쓰기 문제의 비중이 점점 높아지고 있는 학교 시험에 대비하는 데 필수입니다. 뿐만 아니라 수준이 높아지는 대입 영어에서도, 대학생이나 사회인이 돼서 영어를 사용할 때도 기본이 되는, 평생 가는 문법입니다.

이 책의 구성과 특징

명쾌한 개념

우리말만 알면 영어를 더 쉽게 알 수 있어요. 어려운 용어와 개념을 우리말과 비교해서 쉽게 풀어요.

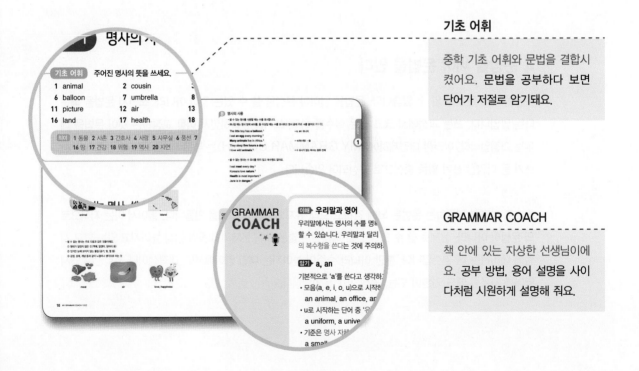

기초 어휘

중학 기초 어휘와 문법을 결합시켰어요. 문법을 공부하다 보면 단어가 저절로 암기돼요.

GRAMMAR COACH

책 안에 있는 자상한 선생님이에요. 공부 방법, 용어 설명을 사이다처럼 시원하게 설명해 줘요.

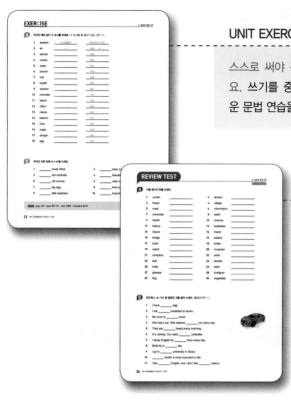

UNIT EXERCISE

스스로 써야 문법을 알 수 있어
요. 쓰기를 중심으로 앞에서 배
운 문법 연습을 해요.

REVIEW TEST

다시 한 번 반복 연습을 해요. 큰
단원이 끝나면 중요한 것들을 다
시 써 보고 고쳐 봅니다. 단어 테
스트도 해요.

Q 어떤 교재인가요?

영문법을 시작하는 입문서예요. 영문법의 바탕이 되는 기초 개념들을 명쾌하게 이해하게 합니다. 그리
고 많은 문장쓰기 연습을 통해 문법을 완전하게 습득하게 해요.

Q 누구를 위한 교재인가요?

영문법 공부를 본격적으로 시작하는 학생들과, 문법을 공부했으나 기초 개념이 안 잡힌 학생들을 위한
교재입니다.

Q 이 교재로 공부하면 어떤 점이 좋을까요?

단순 암기가 아니라 철저히 이해시키는 교재라 알게 되는 재미가 있어요. 내 손으로 직접 써 보면서 공
부하므로 문법을 더 확실하게 알 수 있어요. 쓰기가 많아지는 내신에 도움이 되는 것은 당연하겠죠.

이 책의 목차

CHAPTER 1 | 명사, 대명사

명쾌한 개념		09
UNIT 1	명사의 사용 1: 명사와 수	10
UNIT 2	명사의 사용 2: 수, 양에 주의할 명사	14
UNIT 3	명사의 사용 3: the+명사	18
UNIT 4	대명사	21
REVIEW TEST		24

CHAPTER 2 | 동사, 형용사, 부사

명쾌한 개념		27
UNIT 5	동사	28
UNIT 6	형용사	32
UNIT 7	부사	35
REVIEW TEST		38

CHAPTER 3 | be동사

명쾌한 개념		41
UNIT 8	주어+be+명사/형용사	42
UNIT 9	be (…에 있다)	45
UNIT 10	There be ...	48
REVIEW TEST		52

CHAPTER 4 | 일반동사의 형태 마스터하기

명쾌한 개념		55
UNIT 11	동사의 현재형	56
UNIT 12	동사의 과거형: 규칙 변화	59
UNIT 13	동사의 과거형: 불규칙 변화 1	62
UNIT 14	동사의 과거형: 불규칙 변화 2	65
REVIEW TEST		68

CHAPTER 5 | 문장의 패턴

명쾌한 개념		71
UNIT 15	주어+동사	72
UNIT 16	주어+동사+목적어	75
UNIT 17	주어+동사+목적어+목적어	79
UNIT 18	주어+[동사+보어] / [동사+목적어+보어]	82
REVIEW TEST		86

CHAPTER 6 | 부정문, 의문문

명쾌한 개념		89
UNIT 19	be동사의 부정문, 의문문	90
UNIT 20	일반동사의 부정문	93
UNIT 21	일반동사의 의문문	96
REVIEW TEST		99

CHAPTER 7 | 의문사

명쾌한 개념		103
UNIT 22	의문사 be 주어	104
UNIT 23	의문사 do 주어+동사원형	107
UNIT 24	How ...?	110
REVIEW TEST		113

CHAPTER 8 | 시제

명쾌한 개념		117
UNIT 25	현재시제, 현재진행형	118
UNIT 26	과거시제, 과거진행형	121
UNIT 27	시간의 표현	124
REVIEW TEST		127

CHAPTER 9 | be v-ed (수동태)

명쾌한 개념		131
UNIT 28	be v-ed (v-ed: 과거분사)	132
UNIT 29	불규칙 동사의 수동형	135
UNIT 30	능동태, 수동태 문장 비교	138
REVIEW TEST		142

CHAPTER 10 | 준동사 기초

명쾌한 개념		145
UNIT 31	to-v: v하는 것, v하기 (to-v: to부정사)	146
UNIT 32	to-v: v하기 위해	149
UNIT 33	v-ing: v하는 것, v하기 (v-ing: 동명사)	152
UNIT 34	v-ing: v하고 있는, v하는 (v-ing: 현재분사)	155
REVIEW TEST		158

SPECIAL CHAPTER | 문장의 연결

UNIT 35	주어, 동사+접속사+주어, 동사	162

명사, 대명사

| 품사 | 단어는 **문장에서 어떤 역할을 하며 어떤 자리에 쓰이는지의 자격**이 정해져 있어요. 이를 품사라고 합니다. |

| 중요 품사 | 영어의 품사는 8가지로 나뉩니다(명사, 대명사, 동사, 형용사, 부사, 전치사, 접속사, 감탄사). 이 중 문법 학습의 기초가 되는 중요 품사는 **명사, 대명사, 동사, 형용사, 부사**입니다. |

| 명사 | 사람, 사물, 추상 개념 등에 붙여 '무엇'이라고 부르는 이름입니다. |

名 = 詞
이름 명 = 말 사

명사
사람, 사물 등에 붙은 이름

GRAMMAR COACH

이해 ▶ 우리말과 비교

영어의 품사를 구분할 때 우리말 단어의 말끝(어미)이 참고가 되는 경우가 많아요. 이를 통해 품사를 구분하세요. 익숙해지면 우리말을 생각하지 않고도 영어의 품사를 쉽게 구분할 수 있습니다.

① 말끝(어미)이 붙지 않은 단어 자체 (학생, 동물, 사랑 등)
② 말끝에 '-ㅁ'이 붙은 말 (삶, 죽음, 행복함 등)

고유한 이름

Mike

Korea

London

Christmas

people 사람들

student 학생

teacher 선생님

cousin 사촌

nurse 간호사

animals 동물   plants 식물   things 것, 물건

insect 곤충

whale 고래

tree 나무

flower 꽃

building 건물

house 집

food 음식

meat 고기

fruit 과일

air 공기

sound 소리

things you cannot see, hear, touch
보거나 듣거나 만질 수 없는 개념, 감정, 상태 등의 추상적인 것

life 삶, 생명

death 죽음

happiness 행복

sadness 슬픔

love 사랑

UNIT 1 · 명사의 사용 1: 명사와 수

기초 어휘 주어진 명사의 뜻을 쓰세요.

1 animal	2 cousin	3 nurse	4 person	5 office
6 balloon	7 umbrella	8 island	9 hour	10 university
11 picture	12 air	13 bread	14 meat	15 rice
16 land	17 health	18 danger	19 history	20 nature

의미 1 동물 2 사촌 3 간호사 4 사람 5 사무실 6 풍선 7 우산 8 섬 9 시간 10 대학교 11 사진, 그림 12 공기 13 빵 14 고기 15 쌀, 밥 16 땅 17 건강 18 위험 19 역사 20 자연

A 셀 수 있는 명사, 셀 수 없는 명사

• 명사는 크게 셀 수 있는 명사와 셀 수 없는 명사로 나누어집니다.

• 셀 수 있는 명사는 일정한 형태가 있고, 하나하나 구분할 수 있어요.

animal

egg

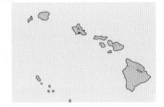

island

• 셀 수 없는 명사는 주로 다음과 같은 것들이에요.

① 형태가 일정치 않은 것 (액체, 알갱이, 덩어리 등)

② 있지만 눈에 보이지 않는 물질 (공기, 빛, 열 등)

③ 감정, 상태, 개념 등과 같이 느낌이나 생각으로 아는 것

meat

air

love, happiness

B 명사의 사용

- 셀 수 있는 명사를 사용할 때는 수를 표시합니다.
- 하나일 때는 명사 앞에 a(n)를, 둘 이상일 때는 수를 표시하고 명사 끝에 주로 -s를 붙여요(복수형).

The little boy has **a balloon**.[1]

I eat **an egg** every morning.[2]

Many animals live in Africa.[3]

They sleep **five hours a day**.[4]

I love wild **animals**.[5]

★ a, an: 하나의

★ -s(복수형): …들

★ 수 표시가 없는 복수는 종류 전체

- 셀 수 없는 명사는 수 표시를 하지 않고 복수형도 없어요.

I eat **meat** every day.[6]

Koreans love **nature**.[7]

Health is most important.[8]

Jane is in **danger**.[9]

 GRAMMAR **COACH**

이해▶ 우리말과 영어

우리말에서는 명사의 수를 명확히 구분해서 사용하지 않아요. 그래서 영어의 수 표시와 복수형의 개념이 생소할 수 있습니다. 우리말과 달리 영어에서는 셀 수 있는 명사에는 반드시 수를 표시하고, 둘 이상일 때는 명사의 복수형을 쓴다는 것에 주의하세요.

암기▶ a, an

기본적으로 'a'를 쓴다고 생각하고 다음을 주의하세요.

- 발음이 모음(a, e, i, o, u)으로 시작하는 단어의 앞에는 'an'을 써요.
  an animal, an office, an egg, an umbrella (an hour: 'h'가 발음되지 않음. 발음은 모음으로 시작)
- u로 시작하는 단어 중 '유[ju]'로 소리 나는 단어의 앞에는 'a'를 써요.
  a uniform, a university
- 기준은 명사 자체가 아니라 a(n) 뒤에 오는 단어이므로 명사 앞에 수식어가 붙으면 달라질 수 있어요.
  a small animal, a big office

예문역 [1]꼬마 남자아이가 풍선을 가지고 있다. [2]나는 아침마다 계란을 하나씩 먹는다. [3]많은 동물들이 아프리카에 산다. [4]그들은 하루에 5시간 잔다. [5]나는 야생 동물을 사랑한다. [6]나는 고기를 매일 먹는다. [7]한국인은 자연을 사랑한다. [8]건강이 가장 중요하다. [9]Jane이 위험에 빠져 있다.

EXERCISE

▶ 정답과 해설 2쪽

 A 주어진 예와 같이 수 표시를 하세요. (수 표시를 할 필요가 없는 경우 ×)

1	student	a student	two students
2	air	×	two ×
3	animal		two
4	cousin		two
5	water		two
6	picture		two
7	rice		two
8	health		two
9	window		two
10	umbrella		two
11	island		two
12	office		two
13	nature		two
14	balloon		two
15	hour		two
16	sugar		two
17	danger		two
18	egg		two

B 주어진 표현 앞에 a나 an을 쓰세요.

1 _____ small office   **2** _____ easy question

3 _____ red umbrella   **4** _____ beautiful island

5 _____ old woman   **6** _____ open window

7 _____ big egg   **8** _____ kind uncle

9 _____ little elephant   **10** _____ important person

VOCAB easy 쉬운   open 열려 있는   kind 친절한   important 중요한

C **Do It Yourself**

다음 문장에서 명사를 **모두** 찾아 밑줄로 표시하세요. (수를 나타내는 말이 있으면 포함시킬 것)

1 I have <u>three cousins</u>.

2 Tom likes history.

3 Korea has many islands.

4 A balloon has air in it.

5 Rice grows slowly.

6 Take an umbrella!

7 He goes to a university in Hong Kong.

8 Happiness comes from health.

9 Animals cannot live without water.

10 A picture says a thousand words.

D **Do It Yourself**

주어진 우리말에 맞게 영문을 완성하세요. (기초 어휘의 단어를 참고할 것)

1 나의 어머니는 간호사이다.　　　　　My mother is _____a nurse_____.

2 한국 사람들은 쌀을 먹는다.　　　　　Koreans eat _____.

3 나는 점심으로 빵을 먹는다.　　　　　I eat _____ for lunch.

4 그들은 (한) 새 사무실로 이사했다.　　They moved to _____.

5 물고기는 육지에서 살 수 없다.　　　　Fish cannot live on _____.

6 Nancy는 위험에서 벗어났다.　　　　　Nancy is out of _____.

7 코끼리는 큰 동물이다.　　　　　　　An elephant is _____. (big)

8 우리는 학교에서 역사를 배운다.　　　We learn _____ at school.

9 많은 사람들이 산속에서 자연을 즐긴다. Many people enjoy _____ in the mountains.

10 나는 내 전화기로 많은 사진을 찍는다. I take _____ with my phone.

VOCAB grow 자라다   slowly 천천히, 느리게   without …없이   thousand 1,000, 천   word 말, 단어
fish 물고기(셀 수 있는 명사. 단수, 복수 형태 같음), 생선(셀 수 없는 명사)

UNIT 2 명사의 사용 2: 수, 양에 주의할 명사

> **기초 어휘** 주어진 명사의 뜻을 쓰세요.

1 class	**2** dish	**3** watch	**4** hero	**5** photo
6 country	**7** company	**8** toy	**9** leaf	**10** knife
11 life	**12** roof	**13** foot	**14** tooth	**15** mouse
16 pants	**17** glasses	**18** pair	**19** piece	**20** slice

> **의미** **1** 학급, 수업 **2** 접시, 음식 **3** 시계 **4** 영웅 **5** 사진 **6** 나라 **7** 회사 **8** 장난감 **9** (나뭇)잎 **10** 칼 **11** 삶, 생명 **12** 지붕 **13** 발 **14** 이, 치아
> **15** 쥐 **16** 바지 **17** 안경 **18** 한 쌍 **19** 한 부분[조각] **20** (얇은) 조각

A 형태에 주의해야 할 복수형

• 복수형에는 개별적으로 알아 두어야 할 것들이 많아요. 아래 단어들은 기초 수준에서 필요한 최소한의 단어들이므로 암기해 두세요.

buses classes boxes dishes watches benches houses (e로 끝나면 -s)	• 끝이 '-s, -x, -sh, -ch'인 단어: -es 　발음: [s], [ʃ], [tʃ] (ㅅ, 쉬, 취) • -es의 발음: [siz], [ʃiz], [tʃiz] (시즈, 쉬즈, 취즈)
potatoes tomatoes heroes (-s: pianos, photos, radios)	'o'로 끝나는 단어 일부: -es
city / cities country / countries baby / babies company / companies (-s: days, toys)	• 자음+y: y → ies • 모음+y: -s
life / lives leaf / leaves knife / knives (-s: roofs, beliefs)	-f, -fe → -ves
man / men woman / women child / children foot / feet tooth / teeth mouse / mice	불규칙 복수형 기초 단어

B 셀 수 없는 명사의 양 표현 / 짝 표현

• 모양이 일정치 않은 것(액체, 알갱이, 덩어리 등)은 담기는 용기나 생긴 모양으로 양을 표현합니다.
• 여럿인 경우 형태나 용기에 복수 표시를 해요.

a **glass** of water	물 한 컵
a **cup** of coffee	커피 한 잔
a **piece** of cake	케이크 한 조각
a **slice** of cheese	치즈 한 장
a **teaspoon** of sugar	설탕 한 찻숟가락

two **glasses** of water	물 두 컵
three **cups** of coffee	커피 세 잔
four **pieces** of cake	케이크 네 조각
many **slices** of cheese	치즈 여러 장
two **teaspoons** of sugar	설탕 두 찻숟가락

• 짝으로 이루어진 명사의 수를 셀 때는 pair를 쓰고, 짝이 여럿일 때는 pair에 복수 표시를 해요.

| a **pair** of glasses[pants, shoes ...] | 안경 한 개[바지 한 벌, 신발 한 켤레] |
| two **pairs** of glasses | 안경 두 개 |

GRAMMAR COACH

암기▶ 일단 이것만 한다

명사의 복수형은 공부하기가 까다롭지만, 반복해서 사용하는 과정에서 저절로 습득이 됩니다. 일단 표에 소개된 기초 단어를 암기한 후, 나머지는 천천히 해도 됩니다.

명사의 복수형을 암기할 때는 단어를 소리 내어 읽고 써 보는 것이 효과적입니다. 철자 규칙은 참고하는 것이에요. 결국 머릿속에 남겨야 하는 것은 단어 자체입니다.

EXERCISE

▶ 정답과 해설 2쪽

 A 다음을 단어로 구분하고 각 단어의 뜻을 쓰세요.

1 **a.** classdishwatchbushouse _____

   b. busesdisheshousesclasses _____

2 **a.** knifewiferoofleaflife _____

   b. livesroofskniveswivesleaves _____

3 **a.** toycountrycompanybabyuniversity _____

   b. babiestoyscompaniesuniversitiescountries _____

4 **a.** potatotomatopianoherophoto _____

   b. heroespianosphotostomatoespotatoes _____

5 **a.** footmousetoothwomanchildman _____

   b. menteethmicefeetwomenchildren _____

 B 주어진 표현에서 어울리지 <u>않는</u> 한 단어에 동그라미를 치세요.

1 a glass of (water / juice / gold / milk)

2 a cup of (coffee / tea / milk / cheese)

3 a piece of (pizza / paper / chocolate / coffee)

4 a slice of (bread / meat / cheese / rice)

5 a drop of (water / milk / bread / wine)

C **Do It Yourself**
다음 문장에서 복수의 의미로 쓰인 명사를 <u>모두</u> 찾아, 그 뜻을 쓰세요.

1 The knives are very sharp. _____

2 Your feet are cold. _____

3 Most people have 32 teeth. _____

4 My dad washes the dishes after dinner. _____

5 These watches are for women. _____

6 Cats sit on roofs at night. _____

7 Their lives are in danger. _____

8 The leaves of this tree are yellow. _____

9 There are many companies in big cities. _____

10 My heroes are my parents. _____

D **Do It Yourself**
주어진 우리말에 맞게 영문을 완성하세요. (기초 어휘의 단어를 참고할 것)

1 우리는 주당 4시간의 영어 수업이 있다.   We have four English _____ a week.

2 아프리카의 많은 나라들이 가난하다.   Many African _____ are poor.

3 고양이는 쥐를 잡는다.   Cats catch _____.

4 그 사진들을 이메일로 보내라.   Send the _____ by email.

5 아이들은 장난감을 좋아한다.   Children like _____.

6 의사는 생명(들)을 구한다.   Doctors save _____.

7 매 식사 후에 이를 닦아라.   Brush your _____ after each meal.

8 그들은 한국 음식을 매우 좋아한다. (dish)   They love Korean _____.

9 나뭇잎들은 가을에 색이 바뀐다.   _____ change color in fall.

10 나는 점심으로 빵 한 쪽과 우유 한 잔을
    먹는다. (slice, glass)   I have _____ and _____ for lunch.

11 나는 커피 한 잔을 원한다.   I want _____.

12 저 아이는 파이 한 쪽을 원한다.   The child wants _____.

13 나는 안경이 세 개다.   I have _____.

14 나는 바지가 두 벌밖에 없다.   I have only _____.

VOCAB sharp 날카로운, 뾰족한   wash the dishes 설거지하다   in danger 위험에 처한

UNIT 3 명사의 사용 3: the+명사

A 정해진 것에 쓰는 the

- 어떤 것인지 정해진 명사에는 the를 붙여요. 다음은 구체적인 경우들입니다.

① 앞에 이미 나온 것을 다시 말하는 경우

② 꾸며주는 말이 있는 경우

③ 상황으로 알 수 있는 경우

Sharon has **a** puppy. **The** puppy is lovely.[1]

I have **a** car. I wash **the** car every day.[2]

★a, an: (정해지지 않은) 하나의 …

★the: (정해진) 그, 저 …

a puppy / **the puppy** in the pet store[3]

water / **the water** in the stream[4]

Open **the** door.[5]

Pass me **the** newspaper, please.[6]

★어떤 문, 어떤 신문인지 상황으로 알 수 있음

GRAMMAR COACH

암기 관사의 사용 종합

a(n), the를 정확하게 사용하는 것은 까다롭습니다. 일단 가장 기본적인 것을 정리하세요. 이를 벗어나는 것은 나올 때마다 그때그때 알아 두면 됩니다.

막연한 것	a(n)	• 하나의 … (셀 수 있는 명사에 붙임)
특정한 것	the	• 그 … (셀 수 있는 명사, 셀 수 없는 명사, 단수, 복수에 다 쓰임) ① 앞에 나온 것 ② 수식어가 있는 것 ③ 상황으로 알 수 있는 것
관용적인 것	the	• 유일한 것 (the sun, the moon, the sky, the universe) • 악기명 (the piano, the guitar …)
	무관사	• 식사명 (breakfast, lunch …) • 운동명 (soccer, basketball …) • 학과명 (English, history, mathematics …)

예문역 [1]Sharon은 강아지를 한 마리 기른다. 그 강아지는 사랑스럽다. [2]나는 차를 한 대 가지고 있다. 나는 그 차를 매일 닦는다. [3]강아지 한 마리 / 애완동물 가게에 있는 그 강아지 [4]물 / 그 개울의 물 [5]그 문을 열어라. [6]그 신문 좀 내게 건네주세요.

EXERCISE

▶ 정답과 해설 3쪽

 그림에 맞는 영어 표현을 쓰세요. (아래에 주어진 표현을 사용할 것)

1

a flag / the flag on the building

2

_____

3

_____

4

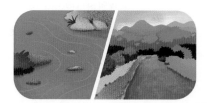

_____

5

_____

6

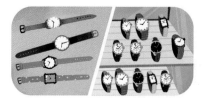

_____

7

_____

8

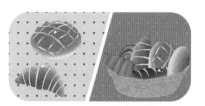

_____

on the table	on the street	in the shop	in my classroom
in the basket	by the car	by the mountain	

B 필요한 곳에 the를 쓰세요.

1 I have _____ lunch at 12:30.

2 I play _____ basketball every day.

3 Mia can play _____ guitar.

4 I like _____ science and _____ English.

5 _____ moon moves around _____ earth.

6 Birds fly in _____ sky.

7 _____ information is power.

8 _____ information in the newspaper is wrong!

9 _____ universe began with the Big Bang.

10 I have a cat. _____ cat loves fish.

11 People work hard for _____ success.

C Do It Yourself
주어진 우리말에 맞게 영문을 완성하세요. (기초 어휘의 단어를 참고할 것)

1 Amy는 수학을 잘한다.　　Amy is good at _____ .

2 그 공원에는 개울이 하나 있다.　　The park has _____ .

3 그 개울은 여름에 시원하다.　　_____ is cool in summer.

4 Matt는 작은 마을에 산다.　　Matt lives in _____ .

5 그 마을은 바닷가에 있다.　　_____ is by the sea.

6 제게 그 신문을 주세요.　　Give me _____ , please.

7 저 강 위의 다리를 봐라.　　Look at _____ over the river.

8 우리 팀의 깃발은 화려하다.　　_____ of our team is colorful.

9 태양은 열을 방출한다.　　The sun sends out _____ .

10 태양으로부터 오는 열이 지구를 따뜻하게 한다.　　_____ from the sun warms the earth.

11 그 계획의 성공은 너에게 달렸다.　　_____ of the plan is up to you.

VOCAB move 움직이다, 이사하다　fly 날다　begin 시작하다　the Big Bang 빅뱅(우주 생성의 시발이 된 것으로 여겨지는 대폭발)
up to …에 달려 있는

UNIT 4 대명사

기초 어휘 주어진 명사의 뜻을 쓰세요.

1 singer	2 dancer	3 musician	4 artist	5 twins
6 grandparents	7 dentist	8 clerk	9 firefighter	10 foreigner
11 ant	12 insect	13 parrot	14 beef	15 vegetable
16 sugar	17 salt	18 bathroom	19 sound	20 light

의미 1 가수 2 무용가 3 음악가 4 예술가 5 쌍둥이들 6 조부모(할아버지, 할머니) 7 치과 의사 8 점원 9 소방관 10 외국인
11 개미 12 곤충 13 앵무새 14 소고기 15 채소 16 설탕 17 소금 18 욕실, 화장실 19 소리 20 빛, 전등

 A 대신해서 사용하는 명사

• 앞에 나온 명사를 대신해서 쓰는 말을 대명사라고 합니다. (代 대신할 대 → 명사를 대신하는 말)

1인칭		2인칭	3인칭			
I	we	you	he	she	it	they
나	우리	너, 너희들	그 남자	그 여자	그것	그들, 그것들

I am a dancer.
You are a musician.
Sean is my brother. **He** is a singer.
I love **Sarah**. **She** is kind.
Sean and I are tall. **We** are basketball players.
Sean looks like **Sarah**. **They** are twins.
Clean the **bathroom**. **It** is dirty.
I like **beef**, but **it** is expensive.
Listen to the **parrots**. **They** can talk.

★ 셀 수 없는 것은 하나로 취급하여 it으로 대신함
★ 대명사의 여러 형태(➡ p. 76)

B 대명사와 be동사

• am, is, are를 be동사라고 합니다. (be: …이다)
• 대명사에 따라 be동사가 달라져요. 가장 기초적인 것이므로 표현으로 암기하세요.

I **am** ...	나는 …이다
He[She, It] **is** ...	그[그녀, 그것]는 …이다
You[We, They] **are** ...	너[우리, 그들]는 …이다

GRAMMAR COACH

이해 ▶ 인칭

• 1인칭: 말하는 사람 자신(I), 혹은 자신을 포함한 다른 사람(we)
• 2인칭: 말을 듣는 사람, 혹은 듣는 사람을 포함한 다른 사람(you)
• 3인칭: 말하는 사람, 듣는 사람이 아닌 제3자(he, she, it), 혹은 제3자들(they), 사물도 포함됨

EXERCISE

▶ 정답과 해설 3쪽

A 주어진 대명사로 대신할 수 있는 것을 <u>모두</u> 찾아 밑줄로 표시하세요.

1 He   Tom / A boy / Dan's sister / Three men / My grandfather /
The tree / Mr. Kim / My brothers / Bill and Peter / Peter

2 She   Sally / A woman / Mary and Jane / Many women / Ms. Lee /
The girl / My sister / His mother / The school / The children

3 It   A computer / The dog / Health / Notebooks / The cookies /
The dentist / Our bathroom / Insects / Sound

4 We   My friends / You and Bill / Tom and I / Our teachers /
Americans / My mother and I / My parents

5 They People / You and Mary / My dogs / The children / The men /
Mary and Tom / The building / Your room / The houses

Do It Yourself

B 주어진 명사에 맞는 대명사와 be동사(is, are)를 쓰세요.

1	Your brother ...	➡ _____ He is _____
2	His sisters ...	➡ _____
3	Jane and I ...	➡ _____
4	The tall woman ...	➡ _____
5	My parents ...	➡ _____
6	Sugar and salt ...	➡ _____
7	Milk ...	➡ _____
8	His photos ...	➡ _____
9	Emily and her sister ...	➡ _____
10	You and Tom ...	➡ _____
11	The lights ...	➡ _____
12	Tom's car ...	➡ _____
13	My parents and I ...	➡ _____
14	The red light ...	➡ _____
15	Many foreigners ...	➡ _____

C 잘못 쓴 대명사 6개를 찾아 바르게 고치세요. (필요하면 be동사도 고칠 것)

1 Peter is my uncle. He is a firefighter.

2 Her uncle is an artist. She is very famous.

3 I like beef and fish, but it is too expensive.

4 My dentist is a woman. She is very kind.

5 His grandparents are sick. He is in the hospital.

6 The clerk at the store is my brother. It works hard.

7 Sound is very fast. It travels over 1,000 kilometers an hour.

8 We eat meat every day. They are delicious.

9 Barry and I are best friends. We go to school together.

10 Mike is an American. Sally is a Canadian. We are foreigners.

Do It Yourself

D 주어진 우리말에 맞게 영문을 완성하세요. (기초 어휘의 단어를 참고할 것)

1 개미는 곤충이다. 그것들(개미들)은 다리가 여섯 개이다.
Ans are _____. _____ have six legs.

2 나는 무용가이다. 너는 음악가이다. 우리는 예술가이다.
I am a dancer. You are a musician. _____.

3 나의 남동생과 나는 쌍둥이이다. 우리는 같은 옷을 입는다.
My brother and I _____. _____ wear the same clothes.

4 너와 Jacob은 항상 같이 노는구나. 너희들은 절친이야.
You and Jacob always play together. _____.

5 전등들을 꺼라. 그것들은 너무 밝다.
Turn off the _____. _____ too bright.

6 저 빨간 불빛을 보아라. 그것은 위험을 의미한다.
Look at the red _____. _____ means danger.

7 소금과 설탕을 너무 많이 먹지 마라. 그것들은 건강에 해롭다.
Don't eat too much _____ and _____. _____ bad for your health.

8 많은 외국인들이 한국 음식을 매우 좋아한다. 그것(한국 음식)은 맛있고 건강에 좋다.
_____ love Korean food. _____ delicious and healthy.

VOCAB famous 유명한 hard 열심히 fast 빠른 travel 이동하다 American 미국인 Canadian 캐나다인

A 다음 명사의 뜻을 쓰세요.

1	cousin	2	stream
3	bread	4	village
5	meat	6	information
7	university	8	earth
9	health	10	science
11	history	12	breakfast
13	nature	14	insect
15	bridge	16	basket
17	tooth	18	bottle
19	watch	20	musician
21	company	22	artist
23	leaf	24	dentist
25	knife	26	clerk
27	glasses	28	foreigner
29	flag	30	vegetable

B 빈칸에 a, an, the 중 알맞은 것을 골라 쓰세요. (불필요하면 ×)

1 I have _____ egg.

2 I eat _____ breakfast at seven.

3 My mom is _____ nurse.

4 She has a car. She washes _____ car every day.

5 They eat _____ bread every morning.

6 It is raining. You need _____ umbrella.

7 I study English for _____ hour every day.

8 Birds fly in _____ sky.

9 I go to _____ university in Seoul.

10 _____ health is most important in life.

11 I like _____ English, but I don't like _____ history.

C 빈칸에 알맞은 대명사를 쓰세요.

1 Mary is my sister. _____ is a singer.

2 I like science. _____ is interesting.

3 Ants work hard. _____ are always busy.

4 Her brother is an artist. _____ is very famous.

5 I eat vegetables every day. _____ are good for my health.

6 My sister and I are twins. _____ always play together.

7 I have a parrot. _____ can speak English.

8 His mother is sick. _____ is in the hospital.

9 Don't eat too much salt. _____ is bad for your health.

10 My grandparents study English. _____ study hard.

11 You are an American. Jim is a Canadian. _____ are foreigners.

12 I know the clerk. _____ is my friend, Mark.

D 다음 문장에서 틀린 부분을 찾아 바르게 고치세요.

1 Air in this city is clean. _____ ➡ _____

2 The children love a meat. _____ ➡ _____

3 My sister likes a music, but I like sports. _____ ➡ _____

4 Her tooths are white. _____ ➡ _____

5 I drink two waters every morning. _____ ➡ _____

6 The red leafs of the tree are beautiful. _____ ➡ _____

7 I ate a drop of pizza for lunch. _____ ➡ _____

8 My sister has five shoes. _____ ➡ _____

동사, 형용사, 부사

동사	움직임, 행동을 설명하는 말
형용사	성질, 상태를 나타내는 말
부사	동사, 형용사나 다른 부사에 덧붙이는 말

動 詞
움직일 동 말 사

동사
사람, 사물의 움직임을 나타내는 말

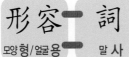

形容 詞
모양형/얼굴용 말 사

형용사
명사의 생김새, 성질, 상태를 나타내는 말

副 詞
덧붙일 부 말 사

부사
동사, 형용사 등에 덧붙이는 말

GRAMMAR
COACH

이해▶ 우리말과 비교

• 동사: '(하)다, (이)다'가 붙은 말 (성공하다, 살다, …이다 등)
• 형용사: '-ㄴ, 한'이 붙은 말 (아름다운, 안전한, 살아 있는 등)
• 부사: '…(하)게, …히, …이'가 붙은 말 (아름답게, 조용히 등)

동사는 움직임을 나타내요.

move 움직이다

run 뛰다

마음의 움직임, 작용도 나타내요.

love 사랑하다

hate 미워하다

know 알다

주어를 따라 다녀요.

It moves … 그것은 움직인다

I run … 나는 뛴다

They love … 그들은 사랑한다

형용사는 성질, 상태를 나타내요.

good 좋은

happy 행복한

tall 키가 큰, 높은

명사와 붙어 다녀요.

good habits 좋은 습관

a happy life 행복한 삶

tall buildings 높은 건물들

부사는 동사, 형용사 등에 덧붙이는 말이에요.

move slowly 움직이다/천천히

run fast 뛰다/빨리

study hard 공부하다/열심히

very good 매우/좋은

UNIT 5 동사

1 know	**2** remember	**3** start	**4** end	**5** open
6 close	**7** save	**8** clean	**9** wear	**10** catch
11 hate	**12** enjoy	**13** believe	**14** teach	**15** grow
16 lie	**17** own	**18** need	**19** complain	**20** shine

> **의미** **1** 알다 **2** 기억하다 **3** 출발하다, 시작하다 **4** 끝나다 **5** 열다, 열리다 **6** 닫다, 닫히다 **7** 구하다, 절약하다 **8** 청소하다 **9** 입다 **10** 잡다 **11** 미워하다 **12** 즐기다 **13** 믿다 **14** 가르치다 **15** 자라다, 기르다 **16** 거짓말하다, 눕다 **17** 소유하다 **18** 필요로 하다 **19** 불평하다 **20** 빛나다, 반짝이다

A 역할과 위치

- 문장은 명사나 대명사로 시작하는데, 이를 주어라고 해요. (주어=문장의 주인이 되는 말)
- 동사는 주어 뒤에서 주어의 행동이나 상태를 설명합니다.
- 동사는 크게 be동사와 일반동사로 나누어져요.

be동사 ('이다' 동사)	주어가 …(이)다	• 주어가 무엇/누구/어떤 상태인지 설명	am, is, are (was, were: (과거) …이었다)
일반동사 ('하다' 동사)	주어가 …(하)다	• 주어의 행동 설명 • 추상적인 생각의 움직임도 포함	• do, run, give, teach … • know, remember, believe …

※ 본 교재에서는 이해와 암기의 편의상 '이다' 동사, '하다' 동사로 구분함

My father **is** a firefighter.[1]

My mother and sister **are** teachers.[2]

I **am** proud of my family.[3]

You always **do** your best.[4]

The players **run** very fast.[5]

We **have** lots of homework.[6]

I **know** Michael.[7]

I **remember** his phone number.[8]

Susan and Michael **go** to the library together.[9]

> **예문역** [1]내 아버지는 소방관이다. [2]내 어머니와 언니는 선생님이다. [3]나는 나의 가족이 자랑스럽다. [4]너는 항상 최선을 다한다. [5]그 선수들은 매우 빨리 달린다. [6]우리는 숙제가 많다. [7]나는 Michael을 안다. [8]나는 그의 전화번호를 기억한다. [9]Susan과 Michael은 같이 도서관에 간다.

동사는 하나

- 문장의 기본은 주어와 동사입니다. 동사가 없으면 문장이 성립되지 않아요.
- 동사는 반드시 있어야 하고, 하나입니다. 특히 be동사('이다' 동사)와 일반동사('하다' 동사)를 겹쳐 쓰지 않도록 주의하세요.

My mother angry. (×)   ★동사가 없음. → is angry

I am have lots of homework. (×)   ★동사가 두 개. am 삭제

Peter is runs very fast. (×)   ★동사가 두 개. is 삭제

 일반동사의 형태 변화

- 현재에 대해 말하고 주어가 3인칭 단수일 경우 동사에 주로 -s를 붙여요.
(3인칭: 말하는 사람, 듣는 사람이 아닌 제3자. 단수: 하나의 사람이나 사물)

Amy **knows** Chris.[10]

She **remembers** his phone number.[11]

Mike **has** lots of homework.[12]

He always **does** his best.[13]

Take the bus. It **goes** to the airport.[14]

GRAMMAR COACH

암기▶ 기초 단어 암기

동사에 '-s' 이외에 다른 어미를 붙이는 단어들도 있어요. 일단 기초적인 것만 암기해 두세요.
동사의 형태는 Chapter 4에서 종합적으로 다룹니다.

- 주어가 3인칭 단수이고 현재를 말하는 경우 동사에 주로 -s
- '-s'가 아닌 동사: have/has, do/does, go/goes, teach/teaches, catch/catches …

예문역 [10] Amy는 Chris를 안다. [11] 그녀는 그의 전화번호를 기억한다. [12] Mike는 숙제가 많다. [13] 그는 항상 최선을 다한다. [14] 그 버스를 타라. 그 것은 공항에 간다.

EXERCISE

▶ 정답과 해설 5쪽

 다음 중 동사가 <u>아닌</u> 단어를 고르세요.

1
is	have
busy	buy

2
grow	health
am	lie

3
come	good
believe	eat

4
hot	are
wear	remember

5
hate	feel
complain	beautiful

 다음 문장에서 주어와 동사를 <u>모두</u> 찾아 밑줄로 표시하세요.

1 <u>My brother</u> <u>is</u> tall.
      주어   동사

2 We are very hungry now.

3 My first class starts at 8 a.m.

4 My last class ends at 5 p.m.

5 The sun shines in the sky.

6 Our bodies need food and water.

7 My brother cleans his room every day.

8 My uncle catches lots of fish in this river.

9 Men wear skirts in some countries.

10 You always complain about food.

11 My grandparents hate life in the city.

12 I enjoy learning math. It is interesting.

13 I lie on my back when I sleep.

14 Banks open at 9:00 a.m. and close at 4:00 p.m.

VOCAB tall 키가 큰   last 마지막의   back 등; (등)허리   lie on one's back (바닥에 등을 대고) 눕다   bank 은행

C 다음 문장에서 **틀린** 부분을 찾아 바르게 고치세요. (단, 동사는 모두 현재형으로 쓸 것)

1 Andrew happy in his new school.   _____ ➡ _____

2 Your shoes dirty.   _____ ➡ _____

3 I am have two brothers.   _____ ➡ _____

4 She is teaches English.   _____ ➡ _____

5 My parents are own this building.   _____ ➡ _____

6 They very good friends.   _____ ➡ _____

7 They money save for the future.   _____ ➡ _____

D 주어진 우리말에 맞게 영문을 완성하세요. (기초 어휘의 단어를 참고할 것)

1 나는 너의 도움이 필요하다.
   I _____ your help.

2 내 고양이는 매일 쥐를 잡는다.
   My cat _____ mice every day.

3 그것들은 금처럼 빛난다.
   They _____ like gold.

4 그들은 항상 숙제를 제시간에 한다.
   They always _____ their homework on time.

5 우리가 종이를 절약할 때, 우리는 나무를 구한다.
   When we _____ paper, we _____ trees.

6 그 도로는 여기에서 끝난다.
   The road _____ here.

7 한국 축구 선수들은 빨간 유니폼을 입는다.
   Korean soccer players _____ red uniforms.

8 나는 너를 믿지 않는다. 너는 나에게 항상 거짓말을 한다.
   I don't _____ you. You always _____ to me.

9 그들은 그들의 집 옥상에 채소를 재배한다.
   They _____ vegetables on their roof.

10 내 아버지는 대학에서 한국 역사를 가르치신다.
   My father _____ Korean history at a university.

11 그 노인은 집을 세 채 가지고 있다.
   The old man _____ three houses.

12 그는 잘 때 옆으로 누워 잔다.
   He _____ on his side when he _____ .

UNIT 6 형용사

기초 어휘 주어진 형용사의 뜻을 쓰세요.

1 noisy	**2** careful	**3** empty	**4** right	**5** thin
6 overweight	**7** careless	**8** full	**9** wrong	**10** quiet
11 safe	**12** weak	**13** healthy	**14** heavy	**15** wide
16 strong	**17** sick	**18** narrow	**19** dangerous	**20** light

의미 **1** 시끄러운 **2** 조심스러운 **3** 빈, 비어 있는 **4** 맞는, 옳은 **5** 얇은, 마른 **6** 과체중의, 비만의 **7** 부주의한 **8** 가득 찬, 가득한 **9** 틀린, 나쁜 **10** 조용한 **11** 안전한 **12** 약한 **13** 건강한 **14** 무거운 **15** 넓은 **16** 튼튼한, 힘센 **17** 아픈 **18** 좁은 **19** 위험한 **20** 가벼운, 밝은

A 형용사

• 형용사는 명사의 성질, 상태를 나타냅니다. 명사를 꾸며주거나 설명해요.

• 수나 양, 소유격을 나타내는 말도 명사를 꾸며주므로 형용사에 속해요.

성질, 상태	careful, careless, right, wrong, easy, hard, quiet, noisy ...
(셀 수 있는) 수 (셀 수 없는) 양	• many[a lot of, lots of], few(거의 없는), a few(몇 개의), some(약간의) ... • much[a lot of, lots of], little(거의 없는), a little(조금의), some(약간의) ...
소유격 (…의)	my, your, his, her, our, their, its (나의, 너의, 그의, 그녀의, 우리의, 그들의, 그것의) Tom's, our teacher's ... (일반 명사의 소유격: 명사의 뒤에 's를 붙임)

B 형용사의 역할 1

• 형용사는 명사 앞에서 명사를 꾸며줘요.

I need a **quiet** place to study.[1]   It is the **wrong** answer.[2]

I have **many**[**a few, few**] friends.[3]   You spend too **much** money.[4]

I have **little**[**a little**] money.[5]   **his** house / **its** color / **the boy's** bike

C 형용사의 역할 2

• 형용사는 be동사 뒤에서 주어(명사, 대명사)의 성질, 상태를 설명해요.

The streets are **quiet** at night.[6]   (거리: 조용한)

Your answer is **wrong**.[7]   (너의 답: 틀린)

GRAMMAR COACH

이해 ▶ be+형용사

우리말에서 성질이나 상태를 나타내는 말인 형용사는 '…다'로 끝납니다. 영어에서는 '…다'의 역할을 be동사가 해요.

(우리말) 조용하다, 틀렸다, 쉽다, 어렵다   (영어) be quiet, be wrong, be easy, be hard
                                          이다/조용한 이다/틀린 이다/쉬운 이다/어려운

예문역 [1]나는 공부할 조용한 장소가 필요하다. [2]그것은 틀린 답이다. [3]나는 친구가 많다[몇 명 있다, 거의 없다]. [4]너는 너무 많은 돈을 쓴다. [5]나는 돈이 거의 없다[조금 있다]. [6]그 길들은 밤에 조용하다. [7]너의 답은 틀렸다.

그림에 맞는 형용사를 쓰세요. (기초 어휘의 단어를 참고할 것)

1

  a. an _____ boy

  b. a _____ boy

2

  a. an _____ box

  b. a _____ box

3

  a. a _____ driver

  b. a _____ driver

4

  a. a _____ road

  b. a _____ road

5

  a. _____ girls

  b. _____ girls

6

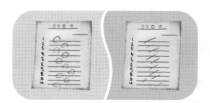

  a. _____ answers

  b. _____ answers

B 다음 문장에서 형용사를 <u>모두</u> 찾아 밑줄로 표시하세요. (소유격 포함)

1 Air is light.

2 The wind is strong in spring.

3 My legs feel weak.

4 She is a kind woman.

5 She wears a red hat all the time.

6 Smoking is bad for your health.

7 Hungry tigers are dangerous.

8 His bag is too heavy.

C 주어진 우리말에 맞게 빈칸에 알맞은 말을 쓰세요.

1 아픈 사람 / 그 사람은 아프다.
a _____ sick _____ person / The person _____ is sick _____ .

2 안전한 곳 / 그곳은 안전하다.
a _____ place / The place _____ .

3 위험한 일 / 그 일은 위험하다.
_____ work / The work _____ .

4 가벼운 상자들 / 그 상자들은 가볍다.
_____ boxes / The boxes _____ .

5 건강한 사람들 / 그 사람들은 건강하다.
_____ people / The people _____ .

6 어려운 문제들 / 그 문제들은 어렵다.
_____ questions / The questions _____ .

7 얇은 얼음 / 그 얼음은 얇다.
_____ ice / The ice _____ .

Do It Yourself

D 주어진 우리말에 맞게 영문을 완성하세요. (기초 어휘의 단어를 참고할 것)

1 네가 옳다. (이다 / 옳은)   You _____ .

2 그가 틀렸다. (이다 / 틀린)   He _____ .

3 그녀의 아기들은 건강하다. (이다 / 건강한)   Her babies _____ .

4 오늘 밤은 달이 보름달이다. (이다 / 가득 찬)   The moon _____ tonight.

5 이것은 안전한 자동차이다. (이다 / 안전한 자동차)   This is a _____ .

6 그녀는 조심스러운 운전자이다. (이다 / 조심스러운 운전자)   She is a _____ .

7 그 운전자는 부주의하다. (이다 / 부주의한)   The driver _____ .

8 이 버스는 소음이 많다. (이다 / 시끄러운)   This bus _____ .

9 무용가들은 몸이 말랐다. (이다 / 마른)   Dancers _____ .

10 할아버지는 심장이 약하시다. (가지고 있다 / 약한 심장을)   My grandfather has a _____ .

UNIT 7 부사

1 quietly	2 safely	3 softly	4 easily	5 noisily
6 carefully	7 carelessly	8 dangerously	9 really	10 early
11 hard	12 pretty	13 late	14 too	15 well
16 soon	17 always	18 usually	19 often	20 sometimes

의미 1 조용히 2 안전하게 3 부드럽게 4 쉽게 5 시끄럽게 6 조심스럽게 7 부주의하게 8 위험하게 9 매우, 진짜로 10 일찍 11 열심히 12 꽤, 상당히 13 늦게 14 너무, …도 (또한) 15 잘 16 곧 17 항상 18 보통, 평소에 19 종종, 자주 20 가끔, 때때로

A 부사

• 부사는 어떻게, 어디서, 언제, 얼마나 등의 의미를 나타내요.

모양이나 상태	어떻게	well, hard, fast, slowly, carefully, quietly … • 대부분 '형용사+ly'이므로 형태로 쉽게 판단할 수 있음
장소, 방향	어디서[로]	there, here
시간	언제	soon, now, early, late, today, yesterday …
빈도	얼마나 자주	always > usually > often > sometimes > never 항상　　 보통　　 종종　　 가끔　　 전혀 … 않다
정도	얼마나	too > very, really > quite, pretty > a little 너무　 매우　　 상당히, 꽤　　 약간
형용사, 부사 양쪽으로 쓰이는 주요 단어		fast, hard, early, late, pretty

B 동사+부사

• 부사는 동사를 꾸며줘요. 부사가 올 수 있는 위치는 자유로우나 대개 동사의 뒤에 옵니다.

• 단, 빈도부사는 일반동사의 앞, be동사의 뒤에 오니 주의하세요.

I **study** English **hard**.[1]	공부하다 / 열심히	
Some drivers **drive dangerously**.[2]	운전하다 / 위험하게	
She **sometimes helps** her mother.[3]	가끔 / 돕는다	★빈도부사 / 일반동사
They **are often** late for school.[4]	이다 / 종종 / 늦은	★be동사 / 빈도부사

C 부사+형용사[부사]

• 부사는 형용사, 부사를 꾸며 정도를 나타내요. 위치는 형용사, 부사의 앞입니다.

This movie is **too** long.[5]	너무 / 긴
My computer is **pretty** old.[6]	꽤 / 오래된
I study English **really** hard.[7]	매우 / 열심히
Some drivers drive **too** dangerously.[8]	너무 / 위험하게

예문역 [1]나는 영어를 열심히 공부한다. [2]몇몇 운전자들은 위험하게 운전한다. [3]그녀는 가끔 어머니를 돕는다. [4]그들은 종종 학교에 늦는다. [5]이 영화는 너무 길다. [6]내 컴퓨터는 꽤 오래됐다. [7]나는 영어를 매우 열심히 공부한다. [8]몇몇 운전자들은 너무 위험하게 운전한다.

EXERCISE

 정답과 해설 6쪽

A 다음 문장에서 부사를 <u>모두</u> 찾아 밑줄로 표시하세요.

1 You speak English well.

2 See you soon.

3 The basketball players are really tall.

4 Our classroom is too noisy.

5 We usually go to school by bus.

6 My teacher always speaks quietly.

7 He often comes to class late.

8 We study hard for the final exam.

B 빈칸에 알맞은 말을 골라 쓰세요.

1 careful / carefully
 a. Listen to me _____.
 b. I am a _____ person.

2 quiet / quietly
 a. Our classroom is _____.
 b. We speak _____ in the library.

3 soft / softly
 a. This ice cream is very _____.
 b. Snow falls _____.

4 safe / safely
 a. The water is _____ to drink.
 b. My mother drives her car _____.

5 easy / easily
 a. Matthew hits home runs _____.
 b. That is an _____ question.

6 noisy / noisily
 a. The boys are very _____.
 b. Ryan eats food _____.

VOCAB by bus 버스를 타고 final exam 기말고사 soft 부드러운 fall (비·눈이) 내리다, 떨어지다 hit 치다 home run (야구) 홈런

36 MY GRAMMAR COACH 기초편

주어진 단어를 2회씩 사용하여 영문을 완성하세요.

| early | late | hard | fast | pretty |

1 She has a(n) _____ smile.

2 He is a(n) _____ riser. He gets up at 6.

3 The wind is _____ strong.

4 This car goes _____ .

5 It's three o'clock. Let's have a(n) _____ lunch.

6 Angela and Jim are 'A' students. They study _____ .

7 My father never gets up on time. He always goes to work _____ .

8 This is a(n) _____ car. It goes 100 miles an hour.

9 We go to school _____ . Our first class starts at 7.

10 This book is too _____ for me. I can't understand it.

Do It Yourself

주어진 우리말에 맞게 영문을 완성하세요. (기초 어휘의 단어를 참고할 것)

1 그 농구 선수들은 진짜 키가 크다.

The basketball players _____ .

2 나는 항상 늦게 잔다.

I _____ go to bed _____ .

3 우리는 너무 오래 기다릴 수 없다.

We cannot wait _____ .

4 내 형은 조심성 없이 운전한다.

My brother _____ .

5 그의 아이디어가 꽤 좋다.

His idea _____ .

6 아이들은 종종 길에서 위험하게 논다.

Children _____ in the road.

A 다음 단어의 뜻을 쓰세요.

1 remember _____	2 quiet _____
3 wear _____	4 heavy _____
5 catch _____	6 sick _____
7 hate _____	8 narrow _____
9 enjoy _____	10 dangerous _____
11 teach _____	12 empty _____
13 grow _____	14 carelessly _____
15 lie _____	16 hard _____
17 need _____	18 late _____
19 complain _____	20 weak _____
21 noisy _____	22 often _____
23 careful _____	24 well _____
25 thin _____	26 soon _____
27 careless _____	28 always _____
29 safe _____	30 usually _____

B 다음 단어 중 역할(품사)이 <u>다른</u> 하나를 고르세요.

1	**a.** know	**b.** noisy	**c.** remember	**d.** hate
2	**a.** careful	**b.** empty	**c.** right	**d.** start
3	**a.** quietly	**b.** safe	**c.** careless	**d.** sick
4	**a.** late	**b.** long	**c.** fast	**d.** end
5	**a.** often	**b.** soon	**c.** thin	**d.** too
6	**a.** hard	**b.** wear	**c.** catch	**d.** enjoy
7	**a.** pretty	**b.** well	**c.** always	**d.** fat
8	**a.** safely	**b.** full	**c.** softly	**d.** easily
9	**a.** wrong	**b.** quiet	**c.** lie	**d.** weak
10	**a.** complain	**b.** healthy	**c.** heavy	**d.** narrow

C 다음 문장에서 **틀린** 부분을 찾아 바르게 고치세요. (단, 동사는 모두 현재형으로 쓸 것)

1 They are have lots of homework.   _____ ➡ _____

2 He is gets up early in the morning.   _____ ➡ _____

3 They English study hard.   _____ ➡ _____

4 His dog very fat.   _____ ➡ _____

5 The boxes on the desk empty.   _____ ➡ _____

6 My brother his room cleans every day.   _____ ➡ _____

7 I drive my car careful at night.   _____ ➡ _____

8 My father often is late for work.   _____ ➡ _____

9 I hate math. It is difficult really.   _____ ➡ _____

10 You speak English pretty good.   _____ ➡ _____

11 Your idea is really well.   _____ ➡ _____

12 Angela helps always her mother.   _____ ➡ _____

3

be동사

틀린 문장과 바른 문장의 차이가 무엇인지 비교해 보세요.

I a student. 나는 학생 (×)
I **am** a student. 나는 학생**이다**. (○)

She a teacher. 그녀는 선생님 (×)
She **is** a teacher. 그녀는 선생님**이다**. (○)

I smart. 나는 똑똑한 (×)
I **am** smart. 나는 똑똑하**다**. (○)

She great. 그녀는 훌륭한 (×)
She **is** great. 그녀는 훌륭하**다**. (○)

be동사는 주어가 무엇인지, 어떤 상태인지 설명할 때 명사 또는 형용사와 함께 사용해요.
be: (주어가 무엇, 어떤 상태)다, 이다

GRAMMAR COACH

이해 ▶ 우리말과의 차이
우리말에는 영어의 be동사에 해당하는 동사가 없어요. 우리말에서 주어가 무엇인지, 어떤 상태인지를 나타내는 '…다, 이다'는 조사(도움말)나 어미에 해당해요. 이 차이 때문에 be동사를 빼먹는 경우가 종종 있으니 주의하세요.

암기 ▶ be동사+명사/형용사
명사, 형용사에 be동사를 붙여 표현으로 암기하세요.

be a classmate 반 친구이다   be a teacher 선생님이다
be busy 바쁘다   be cute 귀엽다

명사, 형용사는 단순한 단어입니다.
be를 붙여야 설명하는 말이 돼요.

classmate 반 친구

be a classmate 반 친구이다

teacher 선생님

be a teacher 선생님이다

reporter 기자

be a reporter 기자이다

insect 곤충

be an insect 곤충이다

busy 바쁜

be busy 바쁘다

young 젊은

be young 젊다

cute 귀여운

be cute 귀엽다

dangerous 위험한

be dangerous 위험하다

UNIT 8 주어+be+명사/형용사

A 주어+be

• 주어 뒤에 'be+명사/형용사'가 따라와 주어가 무엇인지, 어떤 상태인지 설명해요.

	현재 (…다, 이다)	과거 (…이었다)
단수	I **am** He[She, It] **is**	I[He, She, It] **was**
복수	We[You, They] **are**	We[You, They] **were**

※ 단축형: I'm   He's[She's, It's]   We're[You're, They're]

I **am** a reporter.[1]
She **is** a fashion model.[2]
We **are** classmates.[3]

I **was** a reporter.[4]
She **was** a fashion model.[5]
We **were** classmates.[6]

• 주어가 명사인 경우, 대명사로 바꾸면 어떤 대명사로 바꿀 수 있는지 생각해 보고 be동사를 판단하세요.

Beth **is** tall and thin.[7]   Beth → She
Honey **is** sweet.[8]   Honey → It
My neighbors **are** kind.[9]   My neighbors → They
Last summer **was** very hot.[10]   Last summer → It
His clothes **were** funny.[11]   His clothes → They

GRAMMAR COACH

이해 주격보어

be 뒤에 오는 말을 주격보어라고 해요. 주어가 무엇인지, 어떤 상태인지 보완 설명하는 말로 이해하세요.

예문역 [1]나는 기자이다. [2]그녀는 패션모델이다. [3]우리는 반 친구이다. [4]나는 기자였다. [5]그녀는 패션모델이었다. [6]우리는 반 친구였다. [7]Beth는 키가 크고 말랐다. [8]꿀은 달콤하다. [9]내 이웃들은 친절하다. [10]지난여름은 매우 더웠다. [11]그의 옷은 우스꽝스러웠다.

EXERCISE

▶ 정답과 해설 7쪽

 A   주어진 주어에 맞는 be동사의 현재형과 과거형을 쓰세요.

1 He be   He is / was

2 You be   _____

3 They be   _____

4 I be   _____

5 It be   _____

6 We be   _____

7 The car be   _____

8 People be   _____

9 Andrew be   _____

10 The cars be   _____

11 Our school be   _____

12 Mark and Jim be   _____

13 Your shoes be   _____

14 My parents be   _____

B **Do It Yourself**
알맞은 be동사를 골라 문장을 만드세요.

> am   is   are

1 babies, cute → Babies are cute.

2 he, an honest boy → _____

3 excellent in English, I → _____

4 two students, absent today → _____

5 good for children, pets → _____

6 cheap, shoes at Shoe Surprise → _____

7 experience, important in teaching → _____

> was   were

8 I, sick yesterday → _____

9 very polite, the clerk at the store → _____

10 classmates in elementary school, we → _____

11 last winter, really cold → _____

12 good neighbors, Beth and Mike → _____

13 funny, the monkeys at the zoo → _____

14 beautiful, the singer's voice → _____

Chapter **3**

C 다음 문장에서 <u>틀리게</u> 사용된 be동사를 바르게 고치세요.

1   People in this country is kind.   _____ ➡ _____

2   My parents are busy last week.   _____ ➡ _____

3   He were very angry yesterday.   _____ ➡ _____

4   Her children is honest and polite.   _____ ➡ _____

5   His legs is long.   _____ ➡ _____

6   My glasses is too old.   _____ ➡ _____

7   Gold are expensive.   _____ ➡ _____

8   Clothes was cheap at Dongdaemun Market.   _____ ➡ _____

9   My mother is a fashion model when she is young.   _____ ➡ _____

10 Brandon and I was absent from school yesterday.   _____ ➡ _____

D **Do It Yourself**
주어진 우리말에 맞게 영문을 완성하세요. (기초 어휘의 단어를 참고할 것)

1   너의 목소리는 감미롭다.
    Your _____.

2   개는 좋은 애완동물이다.
    Dogs _____.

3   예술은 길고 인생은 짧다.
    _____ long, _____ short.

4   기자들은 항상 바쁘다.
    _____ always busy.

5   Jimmy는 뛰어난 기자였다.
    Jimmy _____.

6   그 예술가의 경험은 흥미로운 것이었다.
    The artist's _____ interesting.

7   그가 집에 왔을 때 그의 옷은 더러웠다.
    His _____ when he came home.

8   그의 팔은 길지만 그의 다리는 짧다.
    His _____, but his _____.

UNIT 9 be (…에 있다)

Chapter

3

기초 어휘 주어진 단어의 뜻을 쓰세요.

1 kitchen	2 living room	3 gate	4 garage	5 wall
6 grass	7 floor	8 hill	9 beach	10 lake
11 garden	12 park	13 hospital	14 road	15 station
16 gym	17 museum	18 library	19 amusement park	20 mall

의미 1 부엌 2 거실 3 문, 입구 4 차고 5 벽 6 풀, 잔디 7 바닥, 마루 8 언덕 9 해변, 바닷가 10 호수 11 정원 12 공원 13 병원
14 길, 도로 15 역 16 체육관 17 박물관 18 도서관 19 놀이공원 20 쇼핑센터

A be: 있다

- be동사는 '(…에) 있다'라는 뜻으로도 많이 쓰입니다. 뒤에는 장소를 나타내는 말이 와요.

I **am** in the park.[1]   ★am, is, are: 있다 / …에

Dad **is** in the kitchen.[2]

My notebooks **are** on the floor.[3]

I **was** at the library this morning.[4]   ★was, were: 있었다 / …에

Amy and Tony **were** on the grass.[5]

B 장소 표현

- 장소는 주로 'in[at, on, by, over, under 등]+명사'로 표현합니다. in, at, on 등을 전치사라고 해요.
(前: 앞 전, 置: 둘 치 → 명사, 대명사 앞에 두는 말) 다음은 기초적인 것들입니다.

in the park, **in** the hospital	in: (공간) … 안에
on the sofa, **on** the wall	on: (접촉) … 위에, …에 붙어
at home, **at** the bus stop	at: (지점) …에
by the window, **by** the river	by: … 옆에
over the mountain, **over** the wall	over: … 위에, … 넘어
under the desk, **under** the bed	under: … 아래에
near the school, **near** the station	near: … 가까이에

GRAMMAR COACH

이해 ▶ 어순과 의미 덩어리

- 영어의 전치사는 우리말에서 명사, 대명사 뒤에 붙이는 '…에, …로, …에서' 등에 해당하는 말로, 우리말과 어순이 반대입니다.
- 전치사를 명사, 대명사와 묶어 하나의 덩어리로 받아들이면 어순의 혼동을 피할 수 있어요.

예문역 [1]나는 공원에 있다. [2]아빠는 부엌에 계신다. [3]내 공책들은 마루 위에 있다. [4]나는 오늘 아침에 도서관에 있었다. [5]Amy와 Tony는 잔디에
앉아 있었다.

EXERCISE

▶ 정답과 해설 8쪽

A 알맞은 전치사를 사용하여 주어진 우리말에 맞게 표현을 완성하세요.

| in | on | at | over | by | near | under |

1 집에 _____ home

2 거실에 _____ the living room

3 탁자 위에 _____ the table

4 벽에 _____ the wall

5 언덕 너머에 _____ the hill

6 강 옆에 _____ the river

7 다리 밑에 _____ the bridge

8 호수 가까이에 _____ the lake

9 산속에 _____ the mountains

10 체육관에 _____ the gym

11 내 사무실 근처에 _____

12 마루 위에 _____

13 언덕 위에 _____

14 책상 밑에 _____

15 산 너머에 _____

16 버스 정류장에 _____

Do It Yourself

B 알맞은 be동사를 골라 문장을 만드세요.

| am | is | are |

1 on, my picture, the wall → My picture is on the wall.

2 his house, the hill, near → _____

3 the subway station, at, I → _____

4 the park, the children, in → _____

5 the bed, your keys, under → _____

6 the road, the gas station, by → _____

| was | were |

7 I, the hospital, in, last week → _____

8 at, they, the museum, on Saturday → _____

9 the grass, on, my puppies → _____

10 in, we, his garden → _____

11 the gate of the park, at, his car → _____

C 다음 문장에서 **틀린** 부분을 찾아 바르게 고치세요.

1 My sister and I am on the beach now. _____ ➡ _____

2 We at the mall were yesterday evening. _____ ➡ _____

3 His car is in the garage last night. _____ ➡ _____

4 We are at Haeundae Beach last weekend. _____ ➡ _____

5 The students in the cafeteria was at lunchtime. _____ ➡ _____

6 My friends and I was at the amusement park on Saturday. _____ ➡ _____

Do It Yourself

D 주어진 우리말에 맞게 영문을 완성하세요. (기초 어휘의 단어를 참고할 것)

1 텔레비전은 거실에 있다. (텔레비전은 / 있다 / 거실에)
The television _____.

2 나의 집은 언덕 위에 있었다. (나의 집은 / 있었다 / 언덕 위에)
My house _____.

3 내 부모님은 지금 쇼핑센터에 계신다. (내 부모님은 / 있다 / 쇼핑센터에)
My parents _____ now.

4 내 친구들은 체육관에 있었다. (내 친구들은 / 있었다 / 체육관에)
My friends _____.

5 그의 오래된 책들은 차고에 있었다. (그의 오래된 책들은 / 있었다 / 차고에)
His old books _____.

6 그들의 사무실은 (한) 지하철역 근처에 있다. (그들의 사무실은 / 있다 / 어떤 지하철역 근처에)
Their office _____.

7 그는 햇빛을 즐기면서 그의 정원에 있었다. (그는 / 있었다 / 그의 정원에)
_____ enjoying the sunshine.

UNIT 10 There be ...

기초 어휘 주어진 명사의 뜻을 쓰세요.

1 dictionary	2 plant	3 mirror	4 backpack	5 socks
6 calendar	7 candle	8 airplane	9 vase	10 tower
11 frog	12 rainbow	13 festival	14 forest	15 factory
16 playground	17 mistake	18 noise	19 trash	20 can

> **의미** 1 사전 2 식물 3 거울 4 배낭 5 양말 6 달력 7 초, 양초 8 비행기 9 꽃병 10 탑 11 개구리 12 무지개 13 축제 14 숲 15 공장
> 16 운동장, 놀이터 17 잘못, 실수 18 소음 19 쓰레기 20 깡통, 통

A There be

- 막연히 어떤 것이 있다는 것은 'There be ...'로 표현해요. 보통 뒤에 장소를 나타내는 어구가 따라옵니다.

There is a book on the desk.[1]   있다 / 어떤 책이
There are two factories by the river.[2]   있다 / 어떤 두 개의 공장들이

- 무엇인지 구체적으로 정해진 것은 'There be ....'로 표현하지 않아요.

Your keys are on the floor.[3]   너의 열쇠들 (구체적인 것)
There are your keys on the floor. (×)
There are some keys on the floor. (○)   누구 것인지 모르는 막연한 열쇠

B There be+주어

- be동사 뒤에 오는 명사가 주어입니다. be동사는 이에 맞춰 써요.

There	is, was	주어 (수가 하나인 명사, 셀 수 없는 명사)
	are, were	주어 (수가 둘 이상인 명사)

There **is** <u>a tall tower</u> on Namsan Mountain.[4]
There **is** <u>water</u> all over the floor.[5]
There **was** <u>too much food</u> at the party.[6]   ★셀 수 없는 명사는 단수 취급
There **are** <u>three eggs</u> in the basket.[7]
There **were** <u>many children</u> in the playground.[8]

- 이때 there는 의미가 없는 형식상의 말입니다. 부사로 쓰인 there(거기에)와 혼동하지 마세요.

We got **there** before night. 우리는 밤이 되기 전에 **거기에** 도착했다.

> **예문역** [1]책상 위에 책이 한 권 있다. [2]강가에 공장이 두 개 있다. [3]네 열쇠들은 마루 위에 있다. [4]남산 위에 큰 탑이 있다. [5]바닥에 온통 물이 있다(바
> 닥이 온통 물바다가 되었다). [6]파티에는 너무 많은 음식이 있었다. [7]바구니 안에 계란 세 개가 있다. [8]운동장에 많은 아이들이 있었다.

EXERCISE

▶ 정답과 해설 9쪽

 주어진 be동사의 알맞은 현재형과 과거형을 쓰세요.

1 There (be) a dog ... → *There is / was a dog ...*

2 There (be) a bottle ... → _____

3 There (be) two mirrors ... → _____

4 There (be) many people ... → _____

5 There (be) some bread ... → _____

6 There (be) a lot of trash ... → _____

7 There (be) socks ... → _____

8 There (be) dirty clothes ... → _____

9 There (be) little water ... → _____

10 There (be) lots of mistakes ... → _____

 Do It Yourself
알맞은 be동사를 골라 문장을 만드세요.

| is   are |

1 a flower vase, on the desk → *There is a flower vase on the desk.*

2 in my backpack, a small dictionary → _____

3 many plants, in the garden → _____

4 in the park, a playground → _____

5 on the street, a lot of noise → _____

6 many flowers, near the lake → _____

| was   were |

7 many frogs, in the lake → _____

8 on the birthday cake, candles → _____

9 in the factory, little noise → _____

10 a food festival, in Jeonju → _____

11 over the mountain, a beautiful rainbow → _____

12 on the road, many cars → _____

C 다음 중 **틀린** 문장을 찾아 바르게 고치세요. (틀린 문장 4개)

1 There is many mistakes in your writing.

2 There are not much juice in the can.

3 There was a candle on the table.

4 There was lots of stars in the sky.

5 There were many airplanes at the airport.

6 There was a forest by this lake three years ago.

7 There is a lot of dance festivals in Brazil.

D Do It Yourself

다음 그림을 보고 그림에 맞는 문장을 완성하세요.

1 _____ a small calendar _____.

_____ some plants _____.

_____ a big mirror _____.

_____ two backpacks _____.

2 _____ many pictures _____.

_____ a trash can _____.

_____ a lot of trash _____.

_____ socks _____.

A 다음 단어의 뜻을 쓰세요.

1	expensive	_____	2	hospital	_____
3	classmate	_____	4	road	_____
5	experience 몡	_____	6	station	_____
7	neighbor	_____	8	museum	_____
9	voice	_____	10	trash	_____
11	excellent	_____	12	lake	_____
13	absent	_____	14	plant 몡	_____
15	garage	_____	16	candle	_____
17	reporter	_____	18	vase	_____
19	polite	_____	20	frog	_____
21	gate	_____	22	festival	_____
23	cheap	_____	24	factory	_____
25	wall	_____	26	forest	_____
27	hill	_____	28	noise	_____
29	dictionary	_____	30	amusement park	_____

B 주어진 단어와 표현을 바르게 배열하여 문장을 만드세요.

1 really cute / is / my pet bird → _____.

2 were / good friends / Tony and Laura → _____.

3 last winter / very cold / was → _____.

4 expensive / her clothes / are → _____.

5 at the gym / were / this morning / we → _____.

6 they / at the amusement park / are → _____.

7 on the wall / were / his photos → _____.

8 by the road / a gas station / was / there → _____.

9 in the river / few fish / there / were → _____.

10 a butterfly festival / was / in Hampyeong last month / there

→ _____.

11 on the table / is / some bread / there → _____.

12 many animals / are / there / in the zoo → _____.

C 다음 문장에서 <u>틀린</u> 부분을 찾아 바르게 고치세요.

1 Rob and I am good friends. _____ ➡ _____

2 You and your sister is polite. _____ ➡ _____

3 Your shoes are white this morning, but they are brown now!

_____ ➡ _____

4 Jenny was overweight last year, but she was thin now.

_____ ➡ _____

5 My shoes is too big. _____ ➡ _____

6 Your clothes is dirty. _____ ➡ _____

7 I am at the library last night. _____ ➡ _____

8 There is beautiful flowers in the vase. _____ ➡ _____

9 There are a lot of apple juice in the bottle. _____ ➡ _____

10 There is little food at the party last night. _____ ➡ _____

일반동사의 형태 마스터하기

| 동사 | 여러 가지 문법적인 것들이 동사에 표시됩니다. 동사는 문법의 중심 단어라고 할 수 있어요. 기초 단계에서 중요한 몇 가지를 정리합니다. |

| 시간 | 현재의 일을 말하는지, 과거의 일을 말하는지에 따라 동사의 형태가 달라져요. |

| 수 | 주어가 하나인지(단수), 두 개 이상인지(복수)에 따라 동사의 형태가 달라져요. |

GRAMMAR COACH

이해 ▶ 기본에 충실하라

기본 규칙을 벗어나는 동사들만을 암기하고, 정작 규칙적인 형태 는 제대로 쓰지 못하는 학생들이 있습니다. 이것은 옳은 공부 방법 이 아닙니다.

기본 규칙을 벗어나는 동사들이 있기는 하지만, 압도적으로 많은 동사가 기본 규칙을 따릅니다. 일단 기본을 철저히 하는 것이 중 요합니다. 반복 연습해서 규칙적인 형태를 충분히 익힌 후에, 이 를 벗어나는 일부 동사들을 암기하는 것이 바른 공부 방법이에요.

현재를 말할 때는 원래의 동사를 그대로 써요.
동사원형이라고 부르는 거예요.

enjoy 즐긴다

want 원한다

follow 따른다

단, 주어가 He, She, It일 때는 동사에 -s를 붙입니다.

He enjoys ... 그는 …를 즐긴다

She wants ... 그녀는 …를 원한다

It follows ... 그것은 …를 따른다

He, She, It에 해당하는 한 사람, 한 사물일 때도 -s를 붙여요.

Alex enjoys ... Alex는 …를 즐긴다

Nicole wants ... Nicole은 …를 원한다

A car follows ... 차 한 대가 …를 따라온다

과거를 말할 때 기본형은 대부분 동사에 -ed를 붙입니다.

He enjoyed ... 그는 …를 즐겼다

They wanted ... 그들은 …를 원했다

A car followed ... 차 한 대가 …를 따라왔다

**위의 기본 형태에서 벗어난 동사들도 좀 있어요.
주어가 He, She, It인데 형태가 다른 것들입니다.**

He studies ... 그는 …를 공부한다

She teaches ... 그녀는 …를 가르친다

It has ... 그것은 …를 가지고 있다

과거인데 형태가 다른 것들입니다.

He studied ... 그는 …를 공부했다

She teach/taught ... 그녀는 …를 가르친다/가르쳤다

I meet/met ... 나는 …를 만난다/만났다

They go/went 그들은 간다/갔다

UNIT 11 동사의 현재형

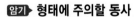

기초 어휘 주어진 동사의 뜻을 쓰세요.

1 talk	**2** spend	**3** travel	**4** visit	**5** act
6 begin	**7** kill	**8** waste	**9** protect	**10** share
11 use	**12** brush	**13** finish	**14** watch	**15** wash
16 match	**17** fly	**18** worry	**19** cry	**20** stay

의미 **1** 말하다 **2** 쓰다, 소비하다 **3** 여행하다 **4** 방문하다 **5** 행동하다 **6** 시작하다 **7** 죽이다 **8** 낭비하다 **9** 보호하다 **10** 나누다, 같이 쓰다 **11** 사용하다 **12** 솔질을 하다, 닦다 **13** 끝내다, 끝나다 **14** 지켜보다 **15** 씻다 **16** 어울리다, 걸맞다 **17** 날다 **18** 걱정하다 **19** 울다 **20** 머무르다

A 현재형: 동사원형

- 현재의 일에 대해 말할 때는 동사를 원형 그대로 써요.

I **have** a big cat.[1]
You **play** the violin very well.[2]
We **visit** our grandparents every month.[3]
Frogs **catch** insects.[4]
They **study** English hard.[5]

B 현재형: 동사+-s, -es

- 주어가 3인칭 단수일 때는 동사에 주로 -s를 붙이고, 일부 동사에는 -es를 붙여요.

She plays the violin very well.[6]
He visits his grandparents every month.[7]
Anna has a big cat. **It catches** mice every day.[8]
Mike studies English hard.[9]

GRAMMAR COACH

암기 ▶ 형태에 주의할 동사

다음은 형태에 주의할 빈도 높은 동사들입니다. 일단 이 표의 철자 규칙과 단어들을 암기하고, 나머지는 나올 때마다 그때그때 정리하세요. 단어를 소리 내어 읽고 써 보는 것이 효과적입니다.

3인칭 단수 현재	• '-s, -sh, -ch, -x'로 끝나는 동사 • 발음: [s], [ʃ], [tʃ] (ㅅ, 쉬, 취)	• -es • 발음: [siz], [ʃiz], [tʃiz] (시즈, 쉬즈, 취즈) passes　teaches　catches washes　finishes　mixes
	• '자음+y'로 끝나는 동사 ('모음+y'로 끝나는 경우는 -s)	• -ies study / studies　cry / cries　fly / flies (stays, plays)

예문역 [1]나는 큰 고양이를 기른다. [2]너는 바이올린을 매우 잘 켠다. [3]우리는 매달 조부모님을 방문한다. [4]개구리는 곤충을 잡는다. [5]그들은 영어를 열심히 공부한다. [6]그녀는 바이올린을 매우 잘 켠다. [7]그는 매달 조부모님을 방문한다. [8]Anna는 큰 고양이를 기른다. 그것은 매일 쥐를 잡는다. [9]Mike는 영어를 열심히 공부한다.

EXERCISE

▶ 정답과 해설 10쪽

A 주어진 주어에 맞는 동사의 현재형을 쓰세요.

1	He (like)	_____	2	They (like)	_____
3	We (have)	_____	4	It (have)	_____
5	She (watch)	_____	6	We (watch)	_____
7	He (use)	_____	8	You (use)	_____
9	Bill's sisters (go)	_____	10	Bill (go)	_____
11	The baby (cry)	_____	12	People (cry)	_____
13	My teacher (do)	_____	14	My classmates (do)	_____
15	The teachers (stay)	_____	16	Mary (stay)	_____

B 주어진 동사의 현재형을 써서 문장을 완성하세요.

> kill   begin   waste   brush   match   fly

1 The movie _____ at 7 p.m.

2 Airplanes _____ high in the sky.

3 Cancer _____ many people every year.

4 Eric _____ too much time on games.

5 My sister _____ her teeth before bed.

6 Your jacket _____ your new shoes.

> travel   talk   watch   protect   wash   share

7 Hats _____ you from the sunlight.

8 The virus _____ through air.

9 My father _____ TV when he is at home.

10 My father _____ his car every Sunday.

11 I don't like Kevin. He _____ too much.

12 She _____ a room with her sister.

VOCAB cancer 암   virus 바이러스   through …를 통해

C 주어진 우리말에 맞게 영문을 완성하세요. (기초 어휘)의 단어를 참고할 것)

1   내 마지막 수업은 오후 3시에 끝난다.

   My last class _____ at 3 p.m.

2   그는 수업이 끝난 후에도 종종 교실에 남아 있다.

   He often _____ in the classroom after school.

3   시간은 날아간다(빨리 흐른다).

   Time _____.

4   내 남동생은 여자아이처럼 행동한다.

   My brother _____ like a girl.

5   Douglas는 그의 할머니의 건강을 염려한다.

   Douglas _____ about his grandmother's health.

6   그들은 보통 1등석으로 여행한다.

   They usually _____ in first class.

7   내 남동생은 항상 나의 컴퓨터를 사용한다.

   My brother always _____ my computer.

8   Angela는 잘(쉽게) 운다.

   Angela _____ easily.

9   내 아버지는 집안일을 거의 안 하신다.

   My father _____ little housework.

10 그는 옷에 그의 모든 돈을 쓴다.

   He _____ on clothes.

11 그녀의 스웨터는 그녀의 바지와 잘 어울린다.

   Her sweater _____. (pants)

12 모든 어미 동물은 그들의 새끼를 보호한다.

   All animal mothers _____. (young)

13 학생들은 너무 많은 종이를 낭비한다.

   Students _____.

14 일부 사람들은 차를 그들의 이웃과 같이 쓴다.

   Some people _____ with _____. (neighbors)

UNIT 12 동사의 과거형: 규칙 변화

1 cooked	2 kicked	3 answered	4 laughed	5 joined
6 pulled	7 pushed	8 repeated	9 touched	10 climbed
11 invented	12 agreed	13 arrived	14 died	15 invited
16 moved	17 received	18 tied	19 tried	20 carried

의미 1 요리했다 2 찼다 3 답했다 4 웃었다 5 합류했다 6 당겼다 7 밀었다 8 반복했다 9 만졌다 10 올라갔다 11 발명했다 12 동의했다 13 도착했다 14 죽었다 15 초대했다 16 움직였다, 이사했다 17 받았다 18 묶었다 19 시험했다, 해 보았다 20 날랐다, 운반했다

A 과거형: -ed, -ied

• 과거의 일을 말할 때는 동사의 과거형을 씁니다. 대부분의 동사에 -ed를 붙여요.

Dad **cooked** me lunch yesterday.[1]
He **answered** the phone.[2]
She **touched** me on the arm.[3]
I **repeated** the question three times.[4]
His train **arrived** at noon.[5]　　　　　　　★ -e로 끝나는 동사는 -d만 붙임

• '자음+y'로 끝나는 것은 -ied로 바꿉니다.

My father **tried** everything to stop smoking.[6]　　★ try → tried
He **carried** heavy boxes on his back.[7]　　★ carry → carried
I **enjoyed** this book so much.[8]　　★ '모음+y'는 -ed

• '짧은 모음+자음'으로 끝나는 동사는 자음을 하나 더 넣고 -ed를 붙입니다.
이런 동사는 소수이므로 나올 때마다 그때그때 암기하세요. (stopped, dropped, planned, jogged, begged ...)

A police officer **stopped** my car.[9]
I **planned** to read a book a week.[10]

Chapter

4

예문역 [1]아빠는 어제 내게 점심을 요리해 주셨다. [2]그는 전화를 받았다. [3]그녀는 내 팔을 만졌다. [4]나는 그 질문을 세 번 반복했다. [5]그의 열차는 정오에 도착했다. [6]내 아버지는 담배를 끊기 위해 모든 것을 해 보았다. [7]그는 등에 무거운 상자를 실어 날랐다. [8]나는 이 책을 매우 많이 즐겼다. [9]한 경찰관이 내 차를 세웠다. [10]나는 일주일에 책을 한 권 읽기로 계획했다.

EXERCISE

▶ 정답과 해설 11쪽

A 다음 동사의 과거형을 쓰세요.

1	invite	_____	**2**	stop	_____	**3**	play	_____
4	cook	_____	**5**	study	_____	**6**	stay	_____
7	drop	_____	**8**	carry	_____	**9**	cry	_____
10	die	_____	**11**	try	_____	**12**	tie	_____

B 주어진 동사의 과거형을 써서 문장을 완성하세요.

> arrive   laugh   tie   carry   kick   invent   invite

1 My father _____ at my jokes.

2 Tina _____ the whole class to her birthday party.

3 They _____ late for the meeting.

4 I _____ my dog to the fence with a rope.

5 My cat _____ a mouse in her mouth.

6 King Sejong _____ Hangeul.

7 Thomas _____ the ball high into the air.

> climb   join   die   receive   drop   pull   agree   move

8 Nathan _____ my ears very hard.

9 I _____ a strange email yesterday.

10 My teacher _____ Mt. Everest last year.

11 We _____ from Seoul to Jeju Island last year.

12 Everyone _____ with my idea.

13 My sister _____ the computer club at her school.

14 My grandmother _____ five years ago.

15 I _____ my cell phone in the water.

VOCAB whole 전체의   meeting 회의, 모임   fence 울타리, 담장   rope 밧줄   mouth 입   hard 세게   strange 이상한

C 주어진 우리말에 맞게 영문을 완성하세요. (기초 어휘의 단어를 참고할 것)

1 그녀는 그 문을 열기 위해 세게 밀었다.

She _____ the door hard to open it.

2 Alexander Graham Bell이 전화를 발명했다.

Alexander Graham Bell _____ the telephone.

3 그녀는 머리에 노란 리본을 묶었다.

She _____ a yellow ribbon in her hair.

4 우리는 어제 프랑스 요리를 (시험 삼아) 먹어 보았다.

We _____ a French dish yesterday.

5 그 아기는 밤새 울었다.

The baby _____ all night.

6 그는 농담을 반복해서 했지만 아무도 웃지 않았다.

He _____ his joke, but no one _____.

7 거미 한 마리가 벽을 (타고) 올라갔다.

A spider _____.

8 그들은 그들의 최선을 다했다.

They _____.

9 나는 크리스마스 선물로 휴대폰을 받았다.

I _____ for Christmas.

10 그 학생은 시험의 모든 문제에 답했다.

The student _____ on the test.

UNIT 13 동사의 과거형: 불규칙 변화 1

주어진 동사의 뜻을 쓰세요.

1 met	2 drank	3 ate	4 swam	5 drove
6 saw	7 sang	8 slept	9 bought	10 kept
11 spoke	12 felt	13 wore	14 caught	15 grew
16 told	17 taught	18 wrote	19 knew	20 found

의미 1 만났다 2 마셨다 3 먹었다 4 수영했다 5 운전했다 6 보았다 7 노래를 불렀다 8 잤다 9 샀다 10 지켰다, 보관했다 11 말했다
12 느꼈다 13 입었다 14 잡았다 15 자랐다, 재배했다 16 말했다 17 가르쳤다 18 썼다 19 알았다 20 찾았다

A 불규칙 변화 과거형 1

• 쉬운 동사라도 불규칙하게 변하는 과거형은 알아보기 어려워요. 별개의 단어로 보고 암기해 두어야 합니다.

I **went** to the library this morning.[1]
I **met** Casey at the library.[2]
Joshua **bought** a puppy yesterday.[3]
The car **drove** down the hill.[4]
They **built** their own houses.[5]

B 소리 내어 읽기

• 불규칙 과거형은 철자가 복잡한 것이 많아 눈으로만 봐서는 잘 암기되지 않아요.
• 동사원형과 그 과거형을 큰 소리로 여러 번 읽어 보세요. 단어 암기에는 소리가 효과적입니다.

build – built	buy – bought	catch – caught
cut – cut	do – did	drive – drove
drink – drank	eat – ate	feel – felt
find – found	get – got	give – gave
go – went	grow – grew	keep – kept
know – knew	make – made	meet – met
read – read	run – ran	see – saw
sing – sang	sleep – slept	speak – spoke
swim – swam	take – took	teach – taught
tell – told	wear – wore	write – wrote

예문역 [1]나는 오늘 아침에 도서관에 갔다. [2]나는 도서관에서 Casey를 만났다. [3]Joshua는 어제 강아지를 한 마리 샀다. [4]그 차는 언덕을 달려
내려왔다. [5]그들은 자신들의 집을 지었다.

EXERCISE

▶ 정답과 해설 11쪽

 A 다음 동사의 과거형을 쓰세요.

1	go _____	**2**	make _____	**3**	keep _____
4	build _____	**5**	buy _____	**6**	tell _____
7	cut _____	**8**	do _____	**9**	drive _____
10	sing _____	**11**	sleep _____	**12**	speak _____
13	drink _____	**14**	eat _____	**15**	feel _____
16	swim _____	**17**	take _____	**18**	write _____
19	find _____	**20**	get _____	**21**	give _____
22	know _____	**23**	grow _____	**24**	meet _____
25	read _____	**26**	run _____	**27**	see _____
28	catch _____	**29**	wear _____	**30**	teach _____

B 주어진 동사의 과거형을 써서 문장을 완성하세요.

write	tell	eat	swim	drink

1 We _____ pizza for lunch today.

2 I _____ lots of coffee last night.

3 My uncle _____ me a letter.

4 I _____ my father a lie.

5 Daniel _____ across the Han River yesterday.

buy	sing	teach	catch	grow

6 I _____ five centimeters last year.

7 She _____ a song in a sweet voice.

8 I _____ this car from Mr. Green.

9 Arthur _____ me math and science.

10 My father _____ a big fish in the lake.

Do It Yourself

C 주어진 우리말에 맞게 영문을 완성하세요. (기초 어휘)의 단어를 참고할 것)

1 나는 어젯밤에 겨우 두 시간 잤다.

I _____ just two hours last night.

2 경찰은 그 도둑을 잡았다.

The police _____ the thief.

3 그 여자는 항상 검은 옷을 입었다.

The woman always _____ black.

4 나는 Anna를 놀이공원에서 만났다.

I _____ Anna at an amusement park.

5 내 아버지는 어제 부산에 운전해서 가셨다.

My father _____ to Busan yesterday.

6 지난주에 우리는 동물원에서 호랑이를 보았다.

Last week we _____ tigers at the zoo.

7 그 남자는 영어를 유창하게 (말)했다.

The man _____ English fluently.

8 그녀는 그의 비밀을 알고 있었다.

She _____ his secret.

9 그녀는 그의 비밀을 15년간 지켰다.

She _____ for 15 years.

10 그녀가 농담을 (하나) 말했을 때, 모두가 웃었다.

When she _____, everyone _____.

11 그들은 그들의 정원에서 채소를 재배했다.

They _____ in their garden.

12 나는 내 시계를 소파 밑에서 찾았다.

I _____ under the sofa.

13 우리는 그 지진의 충격을 느꼈다.

We _____ of the earthquake. (shocks)

UNIT 14 동사의 과거형: 불규칙 변화 2

기초 어휘 주어진 동사의 뜻을 쓰세요.

1 left	**2** won	**3** rode	**4** held	**5** rang
6 threw	**7** blew	**8** drew	**9** flew	**10** cost
11 hit	**12** chose	**13** fell	**14** led	**15** lost
16 stood	**17** shook	**18** sold	**19** stole	**20** brought

의미 **1** 떠났다, 두었다 **2** 이겼다, (상 등을) 탔다 **3** (탈것을) 탔다 **4** 들었다, 잡았다 **5** (벨 등을) 울렸다 **6** 던졌다 **7** 불었다 **8** 그렸다 **9** 날았다
10 (비용이) 들었다 **11** 쳤다, 때렸다 **12** 골랐다 **13** 떨어졌다, 넘어졌다 **14** 이끌었다 **15** 졌다, 잃었다 **16** 섰다 **17** 흔들렸다, 흔들었다
18 팔았다 **19** 훔쳤다 **20** 가져왔다

A 불규칙 변화 과거형 2

• 쉬운 동사라도 불규칙하게 변하는 과거형은 알아보기 어려워요. 별개의 단어로 보고 암기해 두어야 합니다.

We **stood** in the rain for hours.[1]
Italy **won** the World Cup in 2006.[2]
Dave **drew** a house with a pencil.[3]
A plane **flew** over me.[4]
Patrick **left** home at age 12.[5]
My new computer **cost** $800.[6]

B 소리 내어 읽기

• 불규칙 과거형은 철자가 복잡한 것이 많아 눈으로만 봐서는 잘 암기되지 않아요.

• 동사원형과 그 과거형을 큰 소리로 여러 번 읽어 보세요. 단어 암기에는 소리가 효과적입니다.

blow – blew	break – broke	bring – brought
choose – chose	cost – cost	draw – drew
fall – fell	fly – flew	hit – hit
hold – held	lead – led	leave – left
lose – lost	ride – rode	ring – rang
sell – sold	shake – shook	stand – stood
steal – stole	throw – threw	win – won

예문역 [1]우리는 몇 시간 동안 빗속에 서 있었다. [2]이탈리아는 2006년에 월드컵에서 우승했다. [3]Dave는 연필로 집을 그렸다. [4]비행기가 내 머리 위로 날아갔다. [5]Patrick은 12살에 집을 나왔다. [6]내 새 컴퓨터를 사는 데 800달러가 들었다.

Chapter **4**

EXERCISE

▶ 정답과 해설 12쪽

A 다음 동사의 과거형을 쓰세요.

1	lose	_____	2	ride	_____	3	draw	_____
4	leave	_____	5	blow	_____	6	hold	_____
7	bring	_____	8	steal	_____	9	hit	_____
10	fall	_____	11	choose	_____	12	win	_____
13	throw	_____	14	ring	_____	15	lead	_____
16	stand	_____	17	shake	_____	18	break	_____
19	sell	_____	20	fly	_____			

B 문맥상 공통으로 들어갈 동사를 골라 각각 알맞은 형태로 쓰세요.

leave	hit	fall	break	bring	ring

1 **a.** My father always _____ for work at seven. (현재)
   b. I _____ my bag on the subway this morning. (과거)

2 **a.** He _____ me flowers every week. (현재)
   b. He _____ his son to the office yesterday. (과거)

3 **a.** Leaves _____ to the ground in autumn. (현재)
   b. Jessica _____ from the tree. (과거)

4 **a.** The copy machine _____ all the time. (현재)
   b. The angry child _____ his toys. (과거)

5 **a.** A bell _____ five seconds before class. (현재)
   b. The boys _____ the doorbell and ran away. (과거)

6 **a.** My brother _____ me all the time. (현재)
   b. Peter _____ a bus with his car yesterday. (과거)

VOCAB autumn 가을　all the time 항상　second (시간 단위인) 초, 잠깐, 두 번째의　doorbell 초인종　run away 도망치다

C

Do It Yourself

주어진 우리말에 맞게 영문을 완성하세요. (기초 어휘의 단어를 참고할 것)

1 그녀는 그녀의 아기를 팔에 들었다(안았다).

She _____ her baby in her arms.

2 우리는 우리의 모자를 공중으로 던졌다.

We _____ our hats into the air.

3 나는 너를 위해 멋진 반지를 골랐어.

I _____ a beautiful ring for you.

4 Patrick은 모든 사람들을 강으로 이끌었다.

Patrick _____ everyone to the river.

5 저녁 식사가 일인당 50달러씩 들었어!

The dinner _____ 50 dollars per person!

6 한 어린아이가 서커스에서 코끼리를 탔다.

A small child _____ the elephant at the circus.

7 그 팀이 금메달을 땄다.

The team _____ the gold medal.

8 아버지는 오늘 아침에 비행기로 (날아) 부산에 가셨다.

My father _____ to Busan this morning.

9 그는 색연필로 호랑이를 한 마리 그렸다.

He _____ with colored pencils.

10 우리 팀은 그 축구 경기에서 졌다.

Our team _____. (soccer match)

11 내 아버지는 그의 낡은 차를 팔았다.

My father _____.

12 그 농부는 (그) 사과나무를 흔들었다.

The farmer _____.

13 Julia는 케이크 위의 초들을 불어서 껐다.

Julia _____ out the _____ on the cake.

14 누군가가 차에 있던 내 선글라스를 훔쳐 갔다.

Someone _____ from the car.

A 주어진 우리말에 맞는 동사를 알맞은 형태로 쓰세요.

		원형	3인칭 단수 현재형	과거형
1	가지고 있다	have	has	had
2	하다			
3	사용하다			
4	씻다			
5	걱정하다			
6	머무르다			
7	죽다			
8	움직이다			
9	묶다			
10	나르다			
11	만나다			
12	수영하다			
13	보다			
14	잠자다			
15	사다			
16	입다, 착용하다			
17	잡다			
18	자라다, 재배하다			
19	가르치다			
20	찾다			
21	떠나다, 남기다			
22	가져오다			
23	이기다			
24	(자전거 등을) 타다			
25	(손으로) 잡다, 쥐다			
26	던지다			
27	(입김, 바람 등을) 불다			
28	선택하다			
29	잃다			
30	깨뜨리다			

B 다음 중 틀린 문장을 찾아 바르게 고치세요. (7개)

1 The bus arrive late every day.

2 I received an email from Angela yesterday.

3 Mark's family moved to California two months ago.

4 My mother watch TV after breakfast every morning.

5 Jim teaches history in a middle school last year.

6 I pushed the door open.

7 Jeffrey and Helen stayed in France for a week.

8 Everyone in my family love sports.

9 She usually go to bed before 10 o'clock.

10 The child growed six centimeters last year.

11 He drove dangerously on the expressway last night.

12 My father caught a big fish last weekend.

C 주어진 우리말에 맞게 영문을 완성하세요.

1 Matthew는 매일 아침 7시에 일어난다.
   Matthew _____ at seven every morning.

2 우리는 매년 세계 여행을 한다.
   We _____ around the world every year.

3 Benjamin은 가끔 그의 점심을 나와 나누어 먹는다.
   Benjamin sometimes _____ his lunch with me.

4 나는 지난달에 새 차를 샀다.
   I _____ a new car last month.

5 그는 회의에서 영어로 말했다.
   He _____ English in the meeting.

6 나는 지난여름에 백두산에 올라갔다.
   I _____ last summer. (Baekdu Mountain)

7 그녀는 항상 화려한 옷을 입는다.
   She always _____. (colorful)

8 한 노인이 무거운 상자들을 등에 지고 날랐다.
   An old man _____ on his back.

9 그 아이들은 새로운 컴퓨터 게임 하나를 (시험 삼아) 해 보았다.
   The children _____.

10 William은 그의 자전거를 나무에 묶었다.
    William _____ to a tree.

VOCAB late 늦게 dangerously 위험하게 expressway 고속도로

Chapter

4

5

문장의 패턴

주어, 동사	영어 문장의 시작은 주어, 동사입니다.
말 붙이기 (필수)	주어, 동사에 필요한 말을 붙여가며 문장의 틀을 만들어요. 있어야 의미가 통하는 필요한 말은 목적어, 보어입니다.
말 붙이기 (선택)	꼭 필요한 말은 아니지만, 더 자세하게 하기 위해 덧붙이는 말이 있어요. 덧붙이는 말을 꾸미는 말, 수식어라고 하며, 없어도 기본 의미는 통해요.

GRAMMAR COACH

이해 ▶ 우리말 어순, 영어 어순

우리말은 동사가 문장의 끝에 오지만, 영어는 주어 뒤에 바로 동사가 오고, 목적어, 보어를 붙여갑니다.

우리말

무엇이 / 무엇을 / **하다**   무엇이 / 무엇[어떤 상태] / **이다**

영어

무엇이 / **하다** / 무엇을 (어떻게, 어디서, 언제)

무엇이 / **이다** / 무엇[어떤 상태] (어떻게, 어디서, 언제)

영어가 어려운 이유는 문장의 내용을 구성하는 요소(무엇이, 하다, 무엇을 등)의 순서가 우리말과 다르기 때문입니다. 영어의 어순에 맞추어 내용을 구분하고, 배치하는 연습을 의식적으로 하세요. 그리 어렵지 않아요. 조금만 연습하면 우리말을 쉽게 영어식 어순으로 쓸 수 있습니다.

문장의 시작은 주어, 동사입니다.
동사는 주어를 설명해요.

You are ... 너는/이다

Rebecca is ... Rebecca는/이다

She teaches ... 그녀는/가르친다

She played ... 그녀는/연주했다

'…이다' 뒤에는 주어가 무엇인지, 어떤 상태인지를 나타내는 말이 필요해요.
이를 보어라고 해요.

You are **a hero**. 너는/이다/영웅

Rebecca is **tall**. Rebecca는/이다/키 큰

동사가 행위를 나타낼 때(…하다), 무엇을 대상으로 하는지 밝혀야 할 때가 많아요.
'무엇을'에 해당하는 말을 목적어라고 해요.

She teaches **English**. 그녀는/가르친다/영어를

She played **the guitar**. 그녀는/연주했다/기타를

이제 선택적으로 '어떻게, 어디서, 언제'와 같은 말을 붙여갑니다.
덧붙여 꾸미는 수식어들이에요.
이 말들은 없어도 기본 의미가 통합니다.

You are a hero **in our country**.

Rebecca is tall **for her age**.

She teaches English **at a middle school**.

She played the guitar **beautifully at the concert last night**.

요약하면, 영어의 기본 문장 패턴은 두 가지입니다.

무엇이/**이다**/무엇[어떤 상태] (어떻게, 어디서, 언제)

무엇이/**하다**/무엇을 (어떻게, 어디서, 언제)

다른 문장 패턴은 이 두 가지가 확장되는 것입니다.

두 가지 패턴을 정확히 알면, 복잡한 여러 문장 패턴도 자연스럽게 이해할 수 있어요.

UNIT 15 주어+동사

기초 어휘 주어진 동사의 뜻을 쓰세요.

1 bark	**2** change	**3** dance	**4** appear	**5** happen
6 jump	**7** smile	**8** graduate	**9** return	**10** shout
11 gather	**12** melt	**13** chat	**14** hurry	**15** relax
16 disappear	**17** continue	**18** cough	**19** float	**20** wake up

의미 1 (개가) 짖다 2 변하다 3 춤추다 4 나타나다 5 (일이) 일어나다 6 뛰어오르다 7 웃다 8 졸업하다 9 돌아오다 10 소리치다 11 모이다 12 녹다 13 잡담하다, 채팅하다 14 서두르다 15 휴식을 취하다, 쉬다 16 사라지다 17 계속되다 18 기침하다 19 뜨다, 떠다니다 20 (잠에서) 깨다

A 주어+동사

• 동사만으로 주어가 하는 행위를 설명할 수 있습니다(주어가 / …하다).

Birds **fly**.	새가 / 난다.
Dogs **bark**.	개가 / 짖는다.
The wind **blew**.	바람이 / 불었다.
The weather **changes**.	날씨는 / 변한다.
They **danced**.	그들은 / 춤췄다.

B 주어+동사+부사어구

• '주어+동사' 뒤에 '어떻게, 어디서, 언제'에 대한 말이 붙는 경우가 많아요.
이를 부사어구라고 해요(주어가 / …하다 / 어떻게, 어디서, 언제).

Birds **fly** high in the sky.	높이 / 하늘에서
Dogs **bark** loudly at night.	크게 / 밤에
The wind **blew** hard yesterday.	심하게 / 어제
The weather **changes** suddenly in the mountains.	갑자기 / 산에서
They **danced** together at the party yesterday.	함께 / 파티에서 / 어제

EXERCISE

▶ 정답과 해설 13쪽

A 주어와 동사를 밑줄로 표시하고, 우리말로 옮기세요.

1 <u>My dog barked</u> a lot last night.   내 개가 / 짖었다

2 They chat on the Internet every day.   _____

3 A cute baby smiled at me.   _____

4 Emily's grandmother coughs a lot.   _____

5 He hurried back to his home.   _____

6 A boat appeared on the river.   _____

7 Ice floated on the river.   _____

8 The students gathered in large groups.   _____

B 주어진 단어와 표현을 바르게 배열하여 문장을 완성하세요.

1 Jack _____ .
   (really high / jumps)

2 _____ .
   (a car accident / near my school / happened)

3 _____ every morning.
   (wakes up / early / she)

4 _____ at me.
   (never / my parents / shout)

5 _____ three days later.
   (home / returned / my cat)

6 _____ .
   (relaxed / by the pool / the couple)

7 _____ .
   (into water / ice / melts)

8 _____ .
   (over the mountain / disappeared / the plane)

9 _____ last year.
   (from elementary school / I / graduated)

10 _____ .
   (the meeting / until dinnertime / continued)

Chapter

5

Do It Yourself

C 주어진 우리말에 맞게 영문을 완성하세요. (기초 어휘의 단어를 참고할 것)

1 달팽이는 매우 천천히 움직인다. (달팽이는 / 움직인다 / 매우 천천히)

_____. (snails)

2 그들은 수업 시간에 항상 잡담을 한다. (그들은 / 항상 잡담한다 / 수업 시간에)

_____ during class.

3 Andrew는 은행에서 일한다. (Andrew는 / 일한다 / 한 은행에서)

_____. (at a bank)

4 내 아이스크림이 빨리 녹았다. (내 아이스크림이 / 녹았다 / 빨리)

_____ quickly.

5 그 여자아이는 서둘러 학교에 갔다. (그 여자아이는 / 서둘러 갔다 / 학교로)

_____.

6 (그) 비는 주말 동안 계속되었다. (비는 / 계속되었다 / 주말 동안)

_____ during the weekend.

7 비가 온 후에 무지개 하나가 나타났다. (무지개 하나가 / 나타났다 / 비가 온 후)

_____. (rainbow, after the rain)

8 그 무지개는 천천히 구름 속으로 사라졌다. (그 무지개는 / 사라졌다 / 천천히 / 구름 속으로)

_____. (in the clouds)

9 Emma의 헤어스타일은 매일 바뀐다. (Emma의 헤어스타일은 / 바뀐다 / 매일)

_____. (hairstyle)

10 많은 사람들이 주말에 공원에 모인다. (많은 사람들이 / 모인다 / 공원에 / 주말에)

_____. (on the weekends)

UNIT 16 주어+동사+목적어

기초 어휘 주어진 단어의 뜻을 쓰세요.

1 borrow 동	2 introduce 동	3 hunt 동	4 practice 동	5 count 동
6 dry 동	7 miss 동	8 form 동	9 follow 동	10 complete 동
11 forget 동	12 guide 동	13 bake 동	14 order 동	15 decorate 동
16 language 명	17 exercise 명	18 advice 명	19 address 명	20 promise 명

의미 1 빌리다 2 소개하다 3 사냥하다 4 연습하다 5 (수를) 세다 6 말리다 7 놓치다, 그리워하다 8 형성하다, 만들다 9 따르다 10 완성하다, 끝내다 11 잊다 12 안내하다 13 굽다 14 주문하다, 명령하다 15 장식하다 16 언어 17 운동 18 조언 19 주소 20 약속

A 동사+목적어

- 동사 뒤에 '무엇을, 누구를'에 해당하는 말을 붙여야 의미가 통하는 경우가 많습니다.
  '무엇을, 누구를'에 해당하는 말을 목적어라고 하고, 명사나 대명사를 써요(주어가 / …하다 / 무엇을, 누구를).
- '어떻게, 어디서, 언제'와 같은 말이 이어질 수 있습니다.

He **bought** at the store. (×)	샀다 (무엇을?)
He **introduced** to me. (×)	소개했다 (누구를?)
He **borrowed** yesterday. (×)	빌렸다 (무엇을?)

He **bought some fruit** at the store.	샀다 / 과일을
He **introduced his girlfriend** to me.	소개했다 / 그의 여자친구를
He **borrowed my notebooks** yesterday.	빌렸다 / 나의 공책들을
He **returned them** this morning.	돌려주었다 / 그것들을

B 덩어리로 보기

- 동사와 뒤에 오는 목적어(명사, 대명사)를 하나의 덩어리로 익히는 습관을 들이세요.
  읽고, 듣고, 쓰는 것이 정확하고 빨라집니다.

buy clothes	love music	drive a car
ride a bike	borrow a book	introduce his girlfriend
visit Canada	hear the news	forget her address
hunt animals	keep his promises	bake cookies
speak English	throw a ball	order a hamburger

동사의 의미 이해

• 같은 동사라도 목적어가 필요한 경우와 그렇지 않은 경우가 있어요.
• 기본적인 의미는 같으니 상황을 통해 유연하게 받아들이고 사용하세요.

I **changed** my email address.[1]   바꾸다 / 무엇을
The weather **changes**.[2]   (스스로) 바뀌다

She **returned** the book to the library.[3]   돌려주다 / 무엇을
My cat **returned** home three days later.[4]   (스스로) 돌아오다

They **melted** snow to drink.[5]   녹이다 / 무엇을
Ice **melts** into water.[6]   (스스로) 녹다

The man **gathered** a lot of money.[7]   모으다 / 무엇을
Many people **gathered** in the park.[8]   (스스로) 모이다

GRAMMAR COACH

 자동사, 타동사, 목적어

• 자동사: 스스로 자(自). 스스로 말이 되는 동사. 즉 목적어 없이도 의미가 성립하는 동사
• 타동사: 다를 타(他). 말이 되려면 다른 말이 필요한 동사. 목적어가 있어야 말이 되는 동사
• 목적어: 주어가 하는 행위의 대상이 되는 말. 행위가 향하는 목적지로 이해하세요.
           (문법 교재에서는 보통 O로 표기합니다. Object: 동작의 대상)

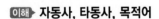 **대명사의 여러 형태**

대명사는 들어가는 자리에 따라 형태가 달라요. 이것을 문법적으로 '격(=자격)'이라 부릅니다. 목적어 자리에 들어가는 형태를 잘 기억해 두세요.

		1인칭 (나, 우리)		2인칭 (너, 너희들)	3인칭 (그, 그녀, 그것, 그들, 그것들)			
주어 자리 (주격)	…는/이/가	I	we	you	he	she	it	they
목적어 자리 (목적격)	…를/을 …에게	me	us	you	him	her	it	them
형용사 자리 (소유격)	…의	my	our	your	his	her	its	their

예문역 [1]나는 나의 이메일 주소를 바꿨다. [2]날씨는 변한다. [3]그녀는 책을 도서관에 돌려줬다. [4]내 고양이는 3일 후에 집에 돌아왔다. [5]그들은 마시기 위해 눈을 녹였다. [6]얼음은 녹아서 물이 된다. [7]그 남자는 많은 돈을 모았다. [8]많은 사람들이 공원에 모였다.

EXERCISE

▶ 정답과 해설 14쪽

 A 다음 문장에서 [동사+목적어]를 찾아 우리말로 옮기세요.

1 The men [hunted rabbits] in the forest.　　　<u>사냥했다 / 토끼들을</u>

2 Justine speaks four languages.　　　_____

3 I practice the piano three hours a day.　　　_____

4 You missed the train five times this week!　　　_____

5 I borrowed his textbook for a day.　　　_____

6 He always counts calories when he eats food.　　　_____

7 The hairdresser dried my hair with a towel.　　　_____

8 They do a lot of exercise during the week.　　　_____

9 The people formed a line at the bank.　　　_____

10 I completed the test in thirty minutes.　　　_____

B 주어진 단어와 표현을 바르게 배열하여 문장을 완성하세요.

1 He _____ all the time.
(his promises / keeps)

2 Olivia _____.
(my address / forgot)

3 Ms. Kim _____.
(up the mountain / the people / guided)

4 The old lady _____.
(cookies / baked / for the children)

5 _____ for lunch.
(a hamburger / ordered / I)

6 _____ for her birthday party.
(Melissa / her room / decorated)

7 _____ from her friends.
(advice / follows / she)

8 _____ when I was in Australia.
(missed / I / Korean food)

9 _____ to the market.
(a new TV / introduced / the company)

10 _____ in the sun.
(red peppers / dried / the farmer)

VOCAB textbook 교과서　hairdresser 미용사　red pepper 고추　farmer 농부

Chapter

5

Do It Yourself

C 주어진 우리말에 맞게 영문을 완성하세요. (기초 어휘)의 단어를 참고할 것)

1 나는 너의 전화번호를 잊어버렸다. (잊어버렸다 / 네 전화번호를)

   I _____.

2 무용수들은 무대에서 원을 형성했다(원 모양으로 섰다). (만들었다 / 원을)

   The dancers _____ on the stage. (circle)

3 우리는 저녁으로 피자를 시켰다. (주문했다 / 피자를)

   We _____ for dinner.

4 내 할머니는 나의 생일을 위하여 케이크를 구워 주셨다. (구웠다 / 케이크를)

   My grandmother _____ for my birthday.

5 그녀는 그 케이크를 설탕으로 만든 꽃으로 장식하셨다. (그녀는 / 장식했다 / 그 케이크를)

   _____ with sugar flowers.

6 우리는 은행에서 돈을 빌렸다. (우리는 / 빌렸다 / 돈을)

   _____ from the bank.

7 우리는 그 돈을 제때에 돌려주었다(갚았다). (우리는 / 돌려줬다 / 그 돈을)

   _____ in time.

8 Mark는 우리를 Central Park로 안내했다. (Mark는 / 안내했다 / 우리를)

   _____ to Central Park.

9 그는 그의 사업에 새로운 아이디어들을 도입했다. (그는 / 도입했다 / 새 아이디어들을 / 그의 사업에)

   _____. (business)

10 그녀의 미소가 그의 마음을 녹였다. (그녀의 미소가 / 녹였다 / 그의 마음을)

   _____. (heart)

 **UNIT 17** 주어+동사+목적어+목적어

A 동사+목적어+목적어

- '주다'는 의미의 동사(주다, 사 주다, 만들어 주다, 보여 주다 등)는 '누구에게 무엇을' 주었는지가 있어야 말이 됩니다.
- '누구에게'와 '무엇을'에 해당하는 말을 목적어라고 하고, 대명사, 명사를 씁니다.

The teacher **gave** them some advice.[1]   주었다 / 그들에게 / 조언을

She **showed** him her pictures.[2]   보여 주었다 / 그에게 / 그녀의 사진을

Andrew **bought** his girlfriend a ring.[3]   사 주었다 / 그의 여자친구에게 / 반지를

Mom **makes** us pizza once a week.[4]   만들어 준다 / 우리에게 / 피자를

B 덩어리로 보기

- 이러한 패턴에 쓰이는 동사는 수가 제한되어 있습니다. 전형적인 동사와 표현을 덩어리로 익혀 두세요. him 자리에 여러 대명사, 명사를 넣어 다양한 표현을 만들 수 있어요.

give him some money	show him her pictures
send him an email	write him a letter
lend him some money	buy him a ring
make him pizza	pay him ten dollars
teach him English	ask him a question

GRAMMAR COACH

이해 간접목적어, 직접목적어
- 간접목적어: '주어지는 방향'을 나타내는 말 (주다 / …에게 무엇을)
- 직접목적어: '주는 것'을 나타내는 말 (주다 / …에게 무엇을)

예문역 [1]그 선생님은 그들에게 조언을 해 주었다. [2]그녀는 그에게 그녀의 사진을 보여 주었다. [3]Andrew는 여자친구에게 반지를 사 주었다.
[4]엄마는 우리에게 일주일에 한 번 피자를 만들어 주신다.

Chapter **5**

EXERCISE

▶ 정답과 해설 14쪽

A 다음 문장에서 [동사+목적어+목적어]를 찾아 우리말로 옮기세요.

1 George [showed Sophia his diary].   보여 주었다 / Sophia에게 그의 일기를

2 I lent my sister some money.   _____

3 I bought my sister a fashion magazine.   _____

4 My girlfriend read me a poem.   _____

5 The teacher sent us an email.   _____

6 This coin brings me good luck.   _____

7 I always tell my parents the truth.   _____

8 My boss pays me ten dollars an hour.   _____

9 He taught his children the importance of family.   _____

10 Nancy cooked me a delicious meal last night.   _____

B 주어진 단어와 표현을 바르게 배열하여 문장을 완성하세요.

1 The teacher _____.
(us / gave / lots of homework)

2 The teacher _____.
(the results of the test / us / showed)

3 That store _____.
(a broken camera / her / sold)

4 My little sister _____.
(her dolls / showed / them)

5 This book _____.
(shows / foreign cultures / us)

6 I _____ for his birthday.
(a present / Kevin / bought)

7 Jake _____.
(me / teaches / funny English expressions)

8 The math problem _____.
(some trouble / gave / me)

VOCAB coin 동전   boss 상관, 사장   delicious 맛있는   broken 고장 난   funny 재미있는

Do It Yourself

주어진 우리말에 맞게 영문을 완성하세요. (기초 어휘의 단어를 참고할 것)

1 Emma는 그에게 귀여운 인형을 하나 사 주었다.

Emma _____ .

2 Sarah가 지난주에 나에게 긴 편지 한 통을 써 보냈다.

Sarah _____ last week.

3 그는 그녀에게 많은 질문을 했다.

He _____ . (lots of)

4 그 아기는 그들에게 큰 즐거움을 준다.

The baby _____ . (great pleasure)

5 그 여자아이는 여동생에게 곰 인형을 하나 만들어 주었다.

The girl _____ . (a teddy bear)

6 선생님은 우리에게 어려운 과제를 하나 내 주셨다.

The teacher _____ . (a difficult task)

7 나는 Jack에게 나의 차를 1,000달러에 팔았다.

I _____ for $1,000.

8 Jessica는 나에게 사랑의 표시로 빨간 장미 한 송이를 보냈다.

Jessica _____ as a sign of love.

UNIT 18 주어+[동사+보어] / [동사+목적어+보어]

A [동사+보어]

- look, feel, sound 뒤의 형용사는 주어의 성질, 상태를 설명해요. 의미상 be동사와 거의 같으나, 좀 더 감각적인 표현입니다.
- 주어를 설명하므로 편의상 주어와 '같음(=)'으로 이해합니다(주격보어).

You look **happy** today.   You = happy (≒ You are happy ...)
(너는 / 보인다 / 행복한)

I felt **sad** when I heard the news.   I = sad (≒ I was sad ...)
(나는 / 느꼈다 / 슬픈)

That sounds **cool**!   That = cool (≒ That is cool!)
(그것은 / 들린다 / 멋진)

B [동사+목적어+보어]

- make, find, keep 등의 목적어 뒤에 오는 형용사는 목적어의 성질, 상태를 설명할 때가 많아요.
- 목적어를 설명하므로 편의상 목적어와 '같음(=)'으로 이해합니다(목적격보어).

This song always makes **me happy**.[1]   me = happy
(만든다 / 나를 / 행복한)

I find **him very rude**.[2]   him = very rude
(생각한다 / 그를 / 매우 무례한)

She always keeps **her room clean**.[3]   her room = clean
(유지한다 / 그녀의 방을 / 깨끗한)

We leave **the door open** during the day.[4]   the door = open
(둔다 / 문을 / 열린)

예문역 [1]이 노래는 항상 나를 행복하게 만든다. [2]나는 그가 매우 무례하다고 생각한다. [3]그녀는 항상 그녀의 방을 깨끗하게 유지한다. [4]우리는 낮 동안 문을 열어 둔다.

대표 표현 암기

- '보어'는 이해가 좀 까다로운 개념입니다. '주어가 …한, 목적어가 …한'의 뜻으로 이해하세요.
- 단어의 정확한 의미와 전형적인 대표 표현을 암기해 두면 이해가 더 빠릅니다.

동사+보어

look …해 보이다	feel …한 기분이다
sound …하게 들리다	become, get …한 상태가 되다
keep …한 상태를 유지하다	turn (색, 모양 등이) …하게 변하다

look happy	look tired	feel sad	feel lonely
sound great	sound stupid	become rich	become famous
get angry	get warm	keep silent	keep healthy
turn cold	turn red		

동사+목적어+보어

make …를 ~ 상태로 만들다	find …가 ~하다고 생각하다[알게 되다]
keep …를 ~한 상태로 유지하다	leave …를 ~한 상태로 두다
turn …를 ~하게 변하게 하다	

make me happy	find her rude	keep the room clean
leave the door open	turn the leaves red	

 GRAMMAR COACH

이해 주격보어, 목적격보어
- 주격보어: 주어가 무엇인지, 어떤 상태인지를 설명하는 말
- 목적격보어: 목적어가 무엇인지, 어떤 상태인지를 설명하는 말

Chapter

5

EXERCISE

▶ 정답과 해설 15쪽

A 다음 문장에서 [동사+보어], [동사+목적어+보어]를 찾아 우리말로 옮기세요.

1 The poor dog [looked hungry].   보였다 / 배고픈

2 Do you sometimes feel lonely?   _____

3 The sky turned cloudy after lunch.   _____

4 I keep silent during English class.   _____

5 The weather gets warm in March.   _____

6 The young singer became very famous.   _____

7 The news of his death made me sad.   _____

8 We found the movie wonderful.   _____

9 Robert always leaves his room dirty.   _____

10 Sunlight keeps animals and plants alive.   _____

B 주어진 단어와 표현을 바르게 배열하여 문장을 완성하세요.

1 _____ to me.
    (your idea / stupid / sounds)

2 _____ with me.
    (angry / my teacher / got)

3 _____ suddenly.
    (rainy / turned / the weather)

4 _____!
    (sounds / this new song / terrible)

5 The sudden rain _____.
                  (everyone / made / wet)

6 My father _____.
        (dead / found / our hamster)

7 Exercise _____.
        (my grandparents / keeps / active)

8 I _____ in my report.
    (clear / my points / made)

VOCAB poor 불쌍한, 가난한 sunlight 햇빛 plant 식물 suddenly 갑자기 sudden 갑작스러운 point 의견, 주장, 요점

C 주어진 우리말에 맞게 영문을 완성하세요. (기초 어휘의 단어를 참고할 것)

1 그의 새 노래들은 멋지다. (들린다 / 멋진)

His new songs _____. (great)

2 내 어머니는 노래를 부를 때 행복해하신다. (느낀다 / 행복한)

My mother _____ when she sings. (feel)

3 그는 오래 걸어서 피곤해졌다. (되었다 / 피곤한)

He _____ after a long walk. (get)

4 Cindy는 새 옷을 입으니 멋져 보인다. (보인다 / 멋진)

Cindy _____ in her new dress. (wonderful)

5 Donald는 젊었을 때 부자가 되었다. (되었다 / 부유한)

Donald _____ when he was young.

6 나는 운동 후에 갈증을 느꼈다. (느꼈다 / 목마른)

I _____ after exercising. (thirsty)

7 Catherine을 만났을 때 그의 얼굴이 붉게 변했다. (변했다 / 붉은)

His face _____ when he met Catherine.

8 그의 크리스마스 선물이 우리를 행복하게 했다. (만들었다 / 우리를 / 행복한)

His Christmas present _____.

9 그는 그 음식이 매우 비싸다는 것을 알았다. (알았다 / 그 음식을 / 매우 비싼)

He _____. (find)

10 냉장고는 채소를 신선하게 보관한다. (유지한다 / 채소를 / 신선한)

Refrigerators _____. (fresh)

11 무례한 사람들은 나를 화나게 한다. (만든다 / 나를 / 화난)

Rude people _____.

12 비가 올 때는 창문들을 열어 두지 마라. (두다 / 창문들을 / 열린)

Don't _____ when it rains.

Chapter

5

A 다음 단어의 뜻을 쓰세요.

1	appear	_____	2	promise ⑲	_____
3	happen	_____	4	truth	_____
5	melt	_____	6	importance	_____
7	relax	_____	8	result ⑲	_____
9	continue	_____	10	culture	_____
11	float	_____	12	thirsty	_____
13	shout	_____	14	famous	_____
15	borrow	_____	16	terrible	_____
17	complete ⑧	_____	18	rude	_____
19	order ⑧	_____	20	warm	_____
21	decorate	_____	22	silent	_____
23	lend	_____	24	tired	_____
25	send	_____			

B 다음 우리말을 영어로 쓰세요.

1 그에게 그 책을 보여 주다 _____

2 그녀에게 이메일 한 통을 보내다 _____

3 내 여동생에게 인형 하나를 사 주다 _____

4 그에게 나의 차를 팔다 _____

5 나에게 수학을 가르치다 _____

6 갈증을 느끼다 _____

7 빨갛게 변하다 _____

8 아름답게 들리다 _____

9 건강해 보이다 _____

10 유명해지다 _____

11 멍청해 보이다 _____

12 나뭇잎을 갈색으로 변하게 하다 _____

13 내 몸을 건강하게 유지시키다 _____

14 그를 화나게 만들다 _____

15 그가 무례하다는 것을 알다 _____

C 주어진 단어와 표현을 바르게 배열하여 문장을 완성하세요.

1 Kyle _____.
           (to the airport / drove quickly)

2 I _____.
     (for an hour / sat / on the bench)

3 They _____.
       (together / their homework / usually do)

4 She _____.
      (her boyfriend / to her mother / introduced)

5 I _____.
     (borrowed / from the library / some books)

6 A boy _____.
        (threw / at me / a stone)

7 I _____.
     (my father / wrote / a letter / last week)

8 Dylan _____.
       (showed / his report card / his mother)

9 Mom _____.
      (delicious cookies / us / made)

10 The boy in the snow _____.
              (very / cold / looked)

11 _____.
    (sounded / her songs / beautiful)

12 Hard work _____.
      (tired / the workers / made)

13 _____ when I came home.
    (my apartment door / found / I / open)

14 _____.
    (us / made / hungry / the smell)

부정문, 의문문

부정, 의문 표시	부정, 의문의 표시는 동사를 중심으로 이루어집니다. 주의할 점은 be동사와 일반동사가 표시 방법이 다르다는 거예요.
be동사	be동사는 단독으로 부정문, 의문문을 만들 수 있어요.
일반동사	일반동사는 부정문, 의문문을 만들 때 do를 덧붙여야 해요. 이 경우의 do는 부정문, 의문문을 만드는 데 도움을 주는 조동사입니다.

GRAMMAR COACH

이해 **우리말과 영어**

• 우리말: 부정어는 동사와 함께 문장의 맨 끝에 옵니다. 의문문 역시 어순의 변화 없이 마지막에 말끝을 올려 표시해요.

• 영어: 영어 문장에서 부정문인지, 의문문인지는 문장의 앞쪽인 주어, 동사를 이용해 표시합니다.

우리말	영어
그는 오늘 많이 바쁘지 **않다.**	He is not very busy today.
	(그는 / **않다** / 매우 바쁜 / 오늘)
그는 오늘 많이 **바쁘니?**	Is he very busy today?
	(**이니?** / 그는 / 매우 바쁜 / 오늘)

be동사의 부정은 쉬워요. 뒤에 not을 붙이기만 하면 됩니다.

is not

are not

was not

be동사를 이용해서 물어볼 때는 주어와 be동사의 순서만 바꿉니다.

Are you ...? 너는 …이니?

Is he ...? 그는 …이니?

Were they ...? 그들은 …이었니?

be동사를 제외한 나머지 동사들(일반동사)은 다릅니다.
일반동사에는 보이지 않는 do가 붙어 있다고 생각하세요.

(do) have

(do) know

(do) like

이 숨어 있는 do를 be와 마찬가지로 이용합니다.
부정문을 만들 때 do 뒤에 not을 붙이는데, 줄여서 don't라고 씁니다.

don't have 가지고 있지 않다

don't know 모른다

don't like 좋아하지 않는다

의문문을 만들 때도 do가 주어 앞으로 나갑니다.

We have ... → Do we have ...? 우리는 가지고 있니?

You know ... → Do you know ...? 너는 아니?

They like ... → Do they like ...? 그들은 좋아하니?

많이 틀리는 것이 바로 이것이에요.
3인칭 단수 현재 표시와 과거 표시는 모두 do에만 해요.
따라서 원래 동사는 항상 원형이에요.

He has ... → He **doesn't have** ... 그는 가지고 있지 않다

Does he **have** ...? 그는 가지고 있니?

She likes ... → She **doesn't like** ... 그녀는 좋아하지 않는다

Does she **like** ...? 그녀는 좋아하니?

과거 표시는 언제나 did이고 원래 동사는 원형을 써요.

They knew ... → They **didn't know** ... 그들은 몰랐다

Did they **know** ...? 그들은 알았니?

He liked ... → He **didn't like** ... 그는 좋아하지 않았다

Did he **like** ...? 그는 좋아했니?

UNIT 19 be동사의 부정문, 의문문

기초 어휘 주어진 단어의 뜻을 쓰세요.

1 fool 명	2 pilot 명	3 trip 명	4 novel 명	5 speech 명
6 activity 명	7 grade 명	8 joke 명	9 fresh 형	10 helpful 형
11 afraid 형	12 deep 형	13 delicious 형	14 clever 형	15 shy 형
16 lazy 형	17 boring 형	18 interesting 형	19 exciting 형	20 hardworking 형

의미 1 바보 2 조종사 3 여행 4 소설 5 연설 6 활동 7 등급, 성적 8 농담 9 신선한 10 도움이 되는 11 무서워하는 12 깊은 13 맛있는 14 영리한, 똑똑한 15 수줍어하는 16 게으른 17 지루한 18 재미있는, 흥미로운 19 흥분시키는, 자극적인 20 열심히 하는

A be not

- be동사의 부정은 뒤에 not을 붙이면 됩니다.

am not / is not / are not / was not / were not

(줄여 쓰기: isn't / aren't / wasn't / weren't)

I **am not** a hardworking student.[1]
That **is not**[**isn't**] a great idea.[2]
The movie **was not**[**wasn't**] very interesting.[3]

B Be 주어 ...?

- 물어볼 때(의문문)는 be동사와 주어의 순서를 바꾸면 됩니다.
- 대답은 Yes/No와 대명사로 합니다. 대답에는 보통 줄인 형태를 많이 써요.

Is he your friend?[4]	— Yes, he is. / No, he isn't.
Are they busy these days?[5]	— Yes, they are. / No, they aren't.
Was his speech boring?[6]	— Yes, it was. / No, it wasn't.

- 질문과 답변을 하는 당사자끼리는 입장이 바뀝니다.
- 'Am I ...?'로 물으면 you로, 'Are you ...?'로 물으면 I로 답해요.

Am I lazy?[7]	— Yes, you are. / No, you aren't.	★ I ⇔ you
Are you shy?[8]	— Yes, I am. / No, I'm not.	

GRAMMAR COACH

이해 ▶ 명사 → 대명사 (주의할 것)

앞에서 사용된 명사를 다시 쓸 때 알맞은 대명사로 바꾸는 것이 매우 중요합니다. 특히 다음에 주의하세요.
① 하나의 사물, 셀 수 없는 것 → it
② (나, 너를 제외한) 둘 이상의 사람, 둘 이상의 사물 → they

예문역 [1]나는 열심히 공부하는 학생이 아니다. [2]저것은 좋은 생각이 아니다. [3]그 영화는 별로 재미있지 않았다. [4]그는 너의 친구니? [5]그들은 요즘 바쁘니? [6]그의 연설은 지루했니? [7]내가 게으르니? [8]너는 부끄럼을 많이 타니?

EXERCISE

▶ 정답과 해설 16쪽

 A

Do It Yourself
주어진 주어에 맞는 be동사의 부정형과 의문형을 쓰세요.

		부정형(현재/과거)	의문형(현재/과거)
1	I	I am not / I was not[wasn't]	Am I ...? / Was I ...?
2	He		
3	It		
4	You		
5	They		
6	Sally		
7	Americans		
8	The library		

B 다음 문장의 부정문과 의문문을 만드세요.

1 I am a fool.

→ _____ I am not a fool. / Am I a fool? _____

2 Mark is a lazy student.

→ _____

3 This novel is interesting.

→ _____

4 The vegetables are fresh.

→ _____

5 His jokes were funny.

→ _____

6 This activity is really exciting.

→ _____

7 His advice was helpful.

→ _____

8 They were at the meeting.

→ _____

C 다음 질문에 Yes / No로 답하세요.

1 Is he right? _Yes, he is. / No, he isn't._

2 Are they hardworking students? _____

3 Was your father a pilot? _____

4 Was she shy when she was young? _____

5 Are you afraid of your teacher? _____

6 Was the meal delicious? _____

7 Were you late for school? _____

8 Is this river deep? _____

9 Are cats clever animals? _____

10 Was your trip to India exciting? _____

D Do It Yourself
다음 대화의 질문을 영어로 쓰고, Yes / No로 답하세요.

1 너 바쁘니?

_____ — _____

2 Nancy는 어제 모임에 있었니(참석했니)?

_____ at the meeting yesterday? — _____

3 그 남자아이는 어두운 것을 무서워하니?

_____ of the dark? — _____

4 너는 다른 사람들과 있을 때 수줍음을 타니?

_____ around others? — _____

5 너의 부모님은 너의 성적에 만족하시니? (happy)

_____ with your grades? — _____

6 그녀의 연설이 재미있었니?

_____ — _____

7 이 활동이 흥미진진하니? (this activity)

_____ — _____

8 너의 학급 활동들이 재미있니? (classroom activities)

_____ — _____

UNIT 20 일반동사의 부정문

 기초 어휘 주어진 명사의 뜻을 쓰세요.

1 cold	**2** bath	**3** snake	**4** snack	**5** housework
6 chopstick	**7** spoon	**8** garbage	**9** medicine	**10** machine
11 coin	**12** bill	**13** pocket	**14** electricity	**15** weather
16 childhood	**17** secret	**18** final exam	**19** traffic rule	**20** department store

의미 **1** 추위, 감기 **2** 목욕 **3** 뱀 **4** 간식 **5** 집안일 **6** 젓가락 **7** 숟가락 **8** 쓰레기 **9** 약 **10** 기계 **11** 동전 **12** 계산서, 청구서 **13** 호주머니 **14** 전기 **15** 날씨 **16** 어린 시절 **17** 비밀 **18** 기말 시험 **19** 교통 법규 **20** 백화점

A don't 동사원형

- 일반동사의 부정은 don't[do not]를 동사 앞에 붙여요.

I **don't like** pet cats.[1]
You **don't like** pet dogs.[2]

- 3인칭 단수 현재 표시와 과거 표시는 모두 do에만 하고, 원래의 동사는 원형을 써요.
  (3인칭 단수 현재: doesn't 동사원형 / 과거: didn't 동사원형)

He **doesn't have** a car.[3]
My sister **doesn't have** a cell phone.[4]
She **didn't get** a good grade in history.[5]
They **didn't get** good grades in math.[6]

B don't do

- do가 일반동사(…를 하다)로 쓰였을 때는 do 앞에 don't[doesn't, didn't]를 붙여요.
- 두 개의 do 중 앞의 것을 조동사, 뒤의 것을 본동사라고 합니다.

My father **doesn't do** housework at all.[7]
I **don't do** very well in science.[8]
You **didn't do** very well in math in your childhood.[9]

 GRAMMAR **COACH**

암기 don't 동사원형
① 3인칭 단수 현재: doesn't 동사원형 (He[She, It] doesn't 동사원형)
② 모든 주어의 과거: didn't 동사원형

예문역 [1]나는 애완 고양이를 좋아하지 않는다. [2]너는 애완견을 좋아하지 않는다. [3]그는 차를 가지고 있지 않다. [4]내 여동생은 휴대폰을 가지고 있지 않다. [5]그녀는 역사에서 좋은 성적을 얻지 못했다. [6]그들은 수학에서 좋은 성적을 얻지 못했다. [7]내 아버지는 집안일을 전혀 하시지 않는다. [8]나는 과학을 그다지 잘하지 못한다. [9]너는 어렸을 때 수학을 그다지 잘하지 못했다.

Do It Yourself

A 주어진 주어에 맞는 동사의 현재 부정형과 과거 부정형을 쓰세요.

1 I (have)   <u>I don't have / I didn't have</u>

2 She (make)   _____

3 We (like)   _____

4 They (wear)   _____

5 The children (play)   _____

6 Sally (go)   _____

7 The buildings (need)   _____

8 Our classroom (have)   _____

9 She (do)   _____

10 We (do)   _____

B 다음 문장을 부정문으로 만드세요.

1 Children catch colds easily.
   → Children _____.

2 I take medicine when I have a cold.
   → I _____ when I have a cold.

3 This meat looks fresh.
   → This meat _____.

4 She ate snacks between meals.
   → She _____ between meals.

5 She buys clothes at the department store.
   → She _____ at the department store.

6 He had a happy childhood.
   → _____

7 People in this country use chopsticks.
   → _____

8 Sally did the dishes after dinner.
   → _____

C 다음 문장에서 <u>틀린</u> 부분을 찾아 바르게 고치세요.

1 Most people like not snakes. _____ ➡ _____

2 This machine don't work. _____ ➡ _____

3 William has not any coins in his pocket. _____ ➡ _____

4 I don't see her last night. _____ ➡ _____

5 You didn't kept our secret. _____ ➡ _____

6 Mark doesn't pay the bill until yesterday. _____ ➡ _____

7 The telephone rang, but I don't hear it. _____ ➡ _____

8 Many students doesn't get enough sleep. _____ ➡ _____

9 He don't do his homework on time. _____ ➡ _____

10 They didn't their best on the final exam. _____ ➡ _____

D
Do It Yourself

주어진 우리말에 맞게 영문을 완성하세요. (기초 어휘의 단어를 참고할 것)

1 Jimmy는 목욕을 날마다 하지는 않는다.
   Jimmy _____ every day. (take a bath)

2 우리는 비가 오는 날에는 밖에 나가지 않는다.
   We _____ in rainy weather. (outside)

3 엄마는 어젯밤에 쓰레기를 내놓지 않으셨다.
   Mom _____ last night. (take out the garbage)

4 이 기계는 전기를 많이 소모(사용)하지 않는다.
   This machine _____. (much electricity)

5 일부 운전자들이 교통 규칙을 따르지 않는다.
   Some drivers _____. (follow traffic rules)

6 Daniel은 나에게 10달러짜리 지폐를 주지 않았다.
   Daniel _____ a ten-dollar bill.

7 그 아이는 밥을 먹을 때 (그의) 숟가락을 사용하지 않았다.
   The child _____ when he ate.

8 Angela는 이번 주말에 숙제를 많이 하지 않았다.
   Angela _____ this weekend. (much homework)

UNIT 21 일반동사의 의문문

기초 어휘 주어진 명사의 뜻을 쓰세요.

1 holiday	**2** vacation	**3** war	**4** peace	**5** circle
6 square	**7** bear	**8** dolphin	**9** fox	**10** wolf
11 storm	**12** earthquake	**13** beauty	**14** contest	**15** battery
16 memory	**17** brain	**18** sea	**19** ship	**20** pool

의미 **1** 휴일 **2** 휴가, 방학 **3** 전쟁 **4** 평화, 평온 **5** 원 **6** 사각형 **7** 곰 **8** 돌고래 **9** 여우 **10** 늑대 **11** 폭풍우, 비바람 **12** 지진 **13** 아름다움, 미인 **14** 경연, 대회 **15** 배터리, (건)전지 **16** 기억, 기억력 **17** 뇌 **18** 바다 **19** 배 **20** 수영장

A Do 주어+동사원형 ...?

- 일반동사의 의문문을 만들 때는 Do를 주어 앞에 붙여요.
- 대답은 Yes/No와 대명사로 합니다.

Do they **take** a bath every day?[1] — Yes, they do. / No, they don't.
Do you **know** Hillary's address?[2] — Yes, I do. / No, I don't.

- 3인칭 단수 현재 표시와 과거 표시는 모두 do에만 하고, 원래의 동사는 원형을 써요.
  (3인칭 단수 현재: Does 주어+동사원형 ...? / 과거: Did 주어+동사원형 ...?)

Does your little sister **like** dolls?[3] — Yes, she does. / No, she doesn't.
Does the hotel **have** a pool?[4] — Yes, it does. / No, it doesn't.

Did you **enjoy** your Christmas holiday?[5] — Yes, I did. / No, I didn't.
Did Grace **win** the singing contest?[6] — Yes, she did. / No, she didn't.

B Do 주어 do ...?

- 일반동사 do(…를 하다)의 경우에도 do가 붙어 'Do[Does, Did] 주어 do ...?'가 돼요.
- 두 개의 do 중 앞의 것이 조동사, 뒤의 것이 본동사입니다.

Do you **do** your own cooking?[7]
Does she always **do** her homework?[8]
Did you **do** something fun on your vacation?[9]

GRAMMAR COACH

암기 Do 주어+동사원형
① 3인칭 단수 현재: Does 주어+동사원형 (Does he[she, it] 동사원형)
② 모든 주어의 과거: Did 주어+동사원형

예문역 [1]그들은 매일 목욕하니? [2]너는 Hillary의 주소를 아니? [3]네 여동생은 인형을 좋아하니? [4]그 호텔은 수영장을 가지고 있니? [5]너는 크리스마스 휴일을 재미있게 보냈니? [6]Grace는 노래 대회에서 우승했니? [7]너는 직접 요리를 하니? [8]그녀는 항상 숙제를 하니? [9]너는 휴가 때 재미있는 것을 했니?

EXERCISE

▶ 정답과 해설 18쪽

Do It Yourself

A 주어진 주어와 동사에 맞는 의문형을 쓰세요.

1   They have ...   Do they have ...?

2   She had ...   _____

3   He likes ...   _____

4   They wore ...   _____

5   Trees need ...   _____

6   Sally went ...   _____

7   The children played ...   _____

8   The building has ...   _____

9   Jessica did ...   _____

10 It does ...   _____

B 다음 문장을 의문문으로 만드세요.

1   They saw bears at the zoo.
    → _____ bears at the zoo?

2   Wolves live in this forest.
    → _____ in this forest?

3   You watched the singing contest on TV.
    → _____ the singing contest on TV?

4   He has an extra battery for his phone.
    → _____ for his phone?

5   He drew a circle on the paper.
    → _____ on the paper?

6   You always keep your promises.
    → _____

7   The brain sleeps at night.
    → _____

8   He did very well in school last year.
    → _____

VOCAB forest 숲   extra 여분의

C 다음 문장에서 <u>틀린</u> 부분을 찾아 바르게 고치세요.

1 Do your father take a vacation every year? _____ ➡ _____

2 Did you took a picture of the dolphin? _____ ➡ _____

3 Do Olivia go to the sea every summer? _____ ➡ _____

4 Does he loves sports? _____ ➡ _____

5 Does you have a good memory? _____ ➡ _____

6 Does the storm blow down the trees last night? _____ ➡ _____

7 Did you enjoyed the beauty of the sea? _____ ➡ _____

8 Does your grandparents remember the Korean War?

_____ ➡ _____

D Do It Yourself
다음 대화의 질문을 영어로 쓰고, Yes / No로 답하세요.

1 그녀는 Michael을 아니?
_____ Michael? — _____

2 너는 종이 위에 사각형을 그렸니?
_____ a square on the paper? — _____

3 너는 영어 수업 시간에 '전쟁과 평화'를 읽었니?
_____ *War and Peace* in English class? — _____

4 그가 여우를 잡니(사냥하니)?
_____ foxes? — _____

5 그들은 평화롭게 사니?
_____ in peace? — _____

6 그녀는 배를 타고 일본에 갔니?
_____ by ship? — _____

7 너의 어머니가 너의 머리 손질을 해 주시니? (do your hair)
_____ — _____

8 한국에 지진들이 일어나니? (earthquakes, occur)
_____ — _____

REVIEW TEST

A 다음 단어의 뜻을 쓰세요.

1	fool	_____	2	secret	_____
3	trip	_____	4	electricity	_____
5	activity	_____	6	traffic rule	_____
7	exciting	_____	8	circle	_____
9	afraid	_____	10	bill	_____
11	shy	_____	12	holiday	_____
13	lazy	_____	14	vacation	_____
15	fresh	_____	16	war	_____
17	delicious	_____	18	peace	_____
19	interesting	_____	20	square	_____
21	weather	_____	22	storm	_____
23	medicine	_____	24	brain	_____
25	machine	_____	26	memory	_____
27	coin	_____	28	pool	_____
29	childhood	_____	30	earthquake	_____

B 다음 문장을 부정문으로 만드세요.

1   I'm afraid of snakes.

→ _____

2   My sisters are shy around others.

→ _____

3   We were at home yesterday.

→ _____

4   Sean eats bread for breakfast.

→ _____

5   Tim and I played tennis together yesterday.

→ _____

6   Nicole did very well on the math exam.

→ _____

7   We went to the lake last weekend.

→ _____

8   Michael follows the traffic rules.

→ _____

C 다음 문장을 의문문으로 만드세요.

1 This food is delicious.

→ _____

2 They were late for the meeting.

→ _____

3 Dogs are clever animals.

→ _____

4 She got a good grade on the test.

→ _____

5 Your parents like pets.

→ _____

6 Amy cleaned her room yesterday.

→ _____

7 This copy machine works well.

→ _____

8 He took out the garbage last night.

→ _____

9 They do their homework together.

→ _____

10 Your teacher does many things for you.

→ _____

D 다음 대화에서 <u>틀린</u> 부분을 찾아 바르게 고치세요.

1 Was Sue and Tina at the party? — No, they weren't.

_____ ➡ _____

2 Are the game exciting? — Yes, it is.   _____ ➡ _____

3 Do your brother like hamsters? — No, he doesn't.

_____ ➡ _____

4 Did your father sold his car? — No, he didn't.   _____ ➡ _____

5 Was his speech interesting? — Yes, he was.   _____ ➡ _____

6 Are you good at math? — No, I don't.   _____ ➡ _____

7 Did you take a vacation last summer? — No, you didn't.

_____ ➡ _____

8 Do dolphins live in this sea? — Yes, they are.   _____ ➡ _____

의문사

의문사	모르는 것에 대한 대답을 얻기 위해 물어볼 때 의문사를 써요. (누구? 무엇? 언제? 어디? 왜? 어떻게?)
응답	의문사로 물어볼 때는 구체적인 내용으로 답해야 합니다.
어순	의문사는 문장의 맨 앞에 옵니다. 이어지는 어순은 Yes/No 의문문과 같아요. 의문사+be+주어 ...? 의문사+do+주어+동사 ...?

의문사는 물어보는 말입니다.

who 누구?

what 무엇?

when 언제?

where 어디?

why 왜?

how 어떻게?, 얼마나 …?

의문사로 물어볼 때는 구체적인 내용으로 대답합니다. Yes/No로 답하지 않아요.

Who is he? 누구?

He is my uncle. 내 삼촌

What do you want? 무엇?

I want some water. 물

When is your birthday? 언제?

It is May 12. 5월 12일

Where are you? 어디에?

I am at the library. 도서관에

Why are you late? 왜?

I got up late. 늦게 일어나서

How do you get to school? 어떻게?

I take the bus. 버스로

의문사가 있는 의문문은 복잡해 보여도 만드는 방법이 간단해요.
의문사로 시작하고, 이어지는 어순은 Yes/No 의문문과 같아요.

의문사+be+주어 ...?

Is he ...? 그는 …이니?

Who is he? **누구니** / 그는?

Are you ...? 너는 …이니?

Why are you ...? **왜** / 너는 …이니?

의문사+do[does, did]+주어+동사원형 ...?

Do you have ...? 너는 …를 가지고 있니?

What do you have? **무엇을** / 너는 가지고 있니?

Does he like ...? 그는 …를 좋아하니?

Who does he like? **누구를** / 그는 좋아하니?

UNIT 22 의문사 be 주어

1 stadium 명	**2** president 명	**3** partner 명	**4** nickname 명	**5** goal 명
6 role 명	**7** season 명	**8** price 명	**9** matter 명	**10** hobby 명
11 eraser 명	**12** spider 명	**13** bee 명	**14** favorite 형	**15** popular 형
16 different 형	**17** sleepy 형	**18** proud 형	**19** alone 형	**20** creative 형

의미 **1** 경기장, 스타디움 **2** 대표, 사장 **3** 짝, 배우자 **4** 별명 **5** 목표 **6** 역할 **7** 계절 **8** 가격, 물가 **9** 일, 문제 **10** 취미 **11** 지우개 **12** 거미 **13** 벌 **14** 가장 좋아하는 **15** 인기 있는 **16** 다른 **17** 졸린 **18** 자랑스러운 **19** 혼자인 **20** 창의적인

A 의문사 be ...?

• be동사는 의문사를 따라다녀요.

Who are those tall boys? — They are my classmates.[1]
What is your favorite food? — It's pizza.[2]
When is her birthday? — It's June 10.[3]
Where were you last night? — I was at home.[4]
Why is the singer so popular? — She has a beautiful voice.[5]

B 어순

• 주어는 be동사 뒤에 옵니다. 그래서 '의문사+be+주어'의 어순이 돼요.

(의문사+be+주어 ...?: …이니, 였니?)

Who are <u>the skinny boys</u>?[6]
　　　　　주어

What is <u>your favorite season</u>?[7]
　　　　　주어

Where was <u>he</u> this morning?[8]
　　　　　주어

GRAMMAR COACH

암기 ▶ 대표 표현 암기
의문사가 들어가면 어순이 복잡하게 느껴질 수 있어요. 이럴 때 좋은 방법은 대표 표현을 암기하는 것입니다.
다음을 하나의 표현으로 보고 반복해서 큰 소리로 읽어 보세요.
① Who is he?　　　　Who was he? (he 자리에 she, it, 한 명의 사람이 들어감)
② Where are you?　　Where were you? (you 자리에 we, they, 둘 이상의 사람이나 사물이 들어감)

예문역 [1] 저 키 큰 남자아이들은 누구니? - 그들은 내 반 친구들이야. [2] 네가 가장 좋아하는 음식은 무엇이니? - 피자야. [3] 그녀의 생일은 언제니? - 6월 10일이야. [4] 너는 어젯밤에 어디 있었니? - 집에 있었어. [5] 그 가수는 왜 그렇게 인기가 있니? - 목소리가 아름다워. [6] 그 마른 남자아이들은 누구니? [7] 네가 가장 좋아하는 계절은 뭐니? [8] 그는 오늘 아침에 어디에 있었니?

EXERCISE

▶ 정답과 해설 20쪽

A 빈칸에 알맞은 의문사를 쓰세요.

1 _____ is the kid by the tree?

2 _____ is the summer vacation?

3 _____ is your hobby?

4 _____ are my notebook and eraser?

5 _____ are you so sleepy today?

6 _____ was the class president last semester?

7 _____ is our next math exam?

8 _____ is this eraser so expensive?

9 _____ are your goals in life?

10 _____ is the baseball stadium?

11 _____ were they late for school yesterday?

12 _____ are the most popular students in your class?   ★the most 형용사: 가장 …한

B 빈칸에 알맞은 의문사와 be동사를 쓰세요.

who	what

1 _____ your favorite singer?

2 _____ your favorite food when you were young?

3 _____ the price of these boots?

4 _____ your partner at the dance last weekend?

when	where	why

5 _____ the subway station?

6 _____ the rainy season in Korea?

7 _____ bees always busy?

8 _____ the seats for my family?

9 _____ the teacher angry yesterday?

10 _____ you born? — In 2004.

VOCAB semester 학기 boot 장화, 부츠 rainy season 장마철, 우기 seat 좌석 be born 태어나다

Chapter
7

C 주어진 단어와 표현을 바르게 배열하여 문장을 완성하세요.

1 _____ born?
   (where / you / were)

2 _____ in the red dress?
   (that girl / who / is)

3 _____ home alone?
   (you / are / why)

4 _____ with her?
   (the matter / is / what)

5 _____ so different from you?
   (your brother / why / is)

6 _____ proud of your students?
   (you / are / when)

7 _____ so high these days?
   (prices / why / are)

8 _____ in your class?
   (is / the most creative student / who)

Do It Yourself

D 주어진 단어와 표현을 사용하여 대화를 완성하세요.

1 **A**: _____? (your math teacher)
   B: Mr. Fields is.

2 **A**: _____ 'Sleepy?' (her nickname)
   B: Because she often sleeps in class.

3 **A**: _____ in the school play? (your role)
   B: I was the hero's partner.

4 **A**: _____? (matter)
   B: There is a big spider on my seat!

5 **A**: _____? (you, proud of Jeffrey)
   B: Because he is very smart.

6 **A**: _____ most popular? (soccer)
   B: It is most popular in South America.

VOCAB these days 요즘에   play 연극   hero 영웅, 남자 주인공   smart 똑똑한

UNIT 23 의문사 do 주어+동사원형

기초 어휘 주어진 명사의 뜻을 쓰세요.

1 mind	**2** message	**3** sign	**4** accident	**5** professor
6 engineer	**7** husband	**8** guest	**9** prince	**10** palace
11 treasure	**12** safe	**13** stone	**14** mud	**15** cave
16 wild animal	**17** shark	**18** butterfly	**19** match	**20** free time

의미 **1** 마음 **2** 전하는 말, 메시지 **3** 표시, 신호 **4** 사고 **5** 교수 **6** 기술자, 엔지니어 **7** 남편 **8** 손님 **9** 왕자 **10** 궁전, 궁 **11** 보물 **12** 금고 **13** 돌, 돌멩이 **14** 진흙 **15** 동굴 **16** 야생동물 **17** 상어 **18** 나비 **19** 경기, 성냥 **20** 여가, 자유 시간

A 의문사 do[does, did] 주어+동사원형 ...?

- 의문사를 일반동사와 함께 쓰면 do의 도움이 필요해요.
- 문장의 시작은 의문사로 하고, 다음은 Yes/No 의문문의 어순과 같아요.

(의문사+do+주어+동사원형 ...?: …하니, 했니?)

When do you **exercise**?[1]

Why does he **look** so tired?[2]

Where did the accident **happen**?[3]

What does her husband **do**? — He is an engineer.[4]

What did you **do** last weekend?[5]

- 의문사가 주어이면 do의 도움이 필요 없습니다. 의문사 자체가 주어이므로 바로 뒤에 동사가 따라와요.

Who(m) do you love?	너는 누구를 사랑하니? (Who(m): love의 목적어)
Who loves you?	누가 너를 사랑하니? (Who: 주어)
Who(m) did you call last night?	너는 어젯밤에 누구에게 전화했니? (Who(m): call의 목적어)
Who called you last night?	누가 어젯밤에 너에게 전화했니? (Who: 주어)

※ who가 목적어(누구를)로 쓰일 때는 원래는 whom이지만, 보통은 who를 씁니다(who: 누가, 누구를).

GRAMMAR COACH

암기 대표 표현 암기

do/does/did의 사용이 순간적으로 혼동을 일으킬 수 있습니다. 대표 표현을 반복해서 큰 소리로 읽고 암기하세요.

① What do you like? (you 자리에 we, they, 둘 이상의 사람이나 사물이 들어감)
② What does he like? (he 자리에 she, it, 하나의 사람이나 사물이 들어감)
③ What did 모든 주어 like?

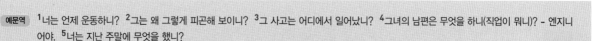
예문역 [1]너는 언제 운동하니? [2]그는 왜 그렇게 피곤해 보이니? [3]그 사고는 어디에서 일어났니? [4]그녀의 남편은 무엇을 하니(직업이 뭐니)? - 엔지니어야. [5]너는 지난 주말에 무엇을 했니?

EXERCISE

 정답과 해설 21쪽

A 빈칸에 알맞은 의문사를 쓰세요.

1 _____ does the text message say?

2 _____ does the mud festival start? — On the first weekend of August.

3 _____ did the guests arrive? — At seven.

4 _____ do you respect the most?

5 _____ does your boss keep in the safe?

6 _____ did your family move to Korea? — Last year.

7 _____ does the next train arrive? — In 20 minutes.

8 _____ did you find the treasure? — In a cave by the river.

9 _____ do you want to be a professor?

10 _____ won the tennis match?

B 빈칸에 알맞은 말을 써서 문장[대화]을 완성하세요.

1 _____ I leave my key last night?

2 _____ she usually do on the weekends?

3 _____ butterflies like flowers?

4 _____ people kill so many sharks? — They want to get their fins.

5 _____ you get for your last birthday?

6 _____ Koreans usually invite to their weddings?

7 _____ your first class begin? — It begins at 8 o'clock.

8 _____ lived in this palace?

9 _____ the sign say? — It says "No Parking."

10 _____ you go during the weekend? — I went to Daegu.

VOCAB move 이사하다, 옮기다   leave …을 두고 오다   fin (물고기의) 지느러미   parking 주차

108 MY GRAMMAR COACH 기초편

Do It Yourself

C 주어진 단어와 표현을 사용하여 문장을 완성하세요. (필요시 형태를 변형할 것)

1 When _____?
(his airplane, arrived)

2 Where _____ his money?
(he, keeps)

3 Why _____ your mind?
(you, changed)

4 What _____ in your free time?
(you, do)

5 What _____?
(the farmers, grow)

6 Why _____ the front door open?
(you, left)

7 When _____?
(winter vacation, usually begins)

Do It Yourself

D 주어진 우리말에 맞게 영문을 완성하세요. (기초 어휘의 단어를 참고할 것)

1 너는 점심으로 무엇을 먹었니?
_____ for lunch?

2 네 마지막 수업은 언제 끝나니?
_____? (end)

3 왜 사람들이 야생동물을 사냥하니?
_____ wild animals? (hunt)

4 너는 거기에서 누구를 만났니?
_____ there?

5 그 왕자는 그의 보물을 어디에 보관하니?
_____ his treasure? (keep)

6 그녀는 여가 시간에 무엇을 하니?
_____? (in her free time)

7 그 차 사고는 언제 일어났니?
_____? (happen)

8 누가 창문에 돌을 던졌니?
_____ at the window? (throw)

Chapter **7**

UNIT 24 How ...?

A 상황, 형편

• how는 be동사와 함께 쓰여 상황이나 형편을 물어봐요. (How be 주어 ...?: 어떠니, 어땠니?)

How are you?[1]
How is your mother?[2]
How is your job?[3]
How was the film last night?[4]

B 방법

• how는 일반동사와 함께 쓰여 행위의 방법을 물어봐요. (How do 주어+동사원형 ...?: 어떻게 …하니, 했니?)

How do you **get** to school?[5]
How does he **learn** English?[6]
How did she **solve** the problem?[7]

C 정도

• 'how+형용사/부사'는 정도를 물어봐요. (How+형용사/부사+be/do 주어 ...?: 얼마나 …이니, 하니?)

How old are you?[8]
How long did you wait for me?[9]
How much is it?[10]
How much money does he earn?[11]

GRAMMAR COACH

암기 ▶ 대표 표현 암기

정도(얼마나)를 나타내는 how는 형용사(+명사), 부사와 같이 쓰입니다. 대표적인 표현들을 암기해 두세요.

how much	how old	how hard	how tall
how big	how long	how often	how fast
how much money	how much time	how many people	

EXERCISE

▶ 정답과 해설 21쪽

 A 빈칸에 be와 do의 알맞은 형태를 쓰세요.

1 How _____ your sister? — She is fine.

2 How _____ your trip to Japan? — It was great.

3 How _____ your date with Jasmine yesterday? — It was perfect.

4 How _____ your new classmates? — They are friendly.

5 How _____ your first day in middle school? — It was fun.

6 How _____ Daniel fix the computer? — I helped him.

7 How _____ your teacher treat you? — He treats us kindly.

8 How _____ you spend your free time? — I usually read books.

9 How _____ Julia get a job at the company? — She did well in the interview.

10 How _____ they get tickets for the concert? — They bought them online.

B 빈칸에 알맞은 단어를 골라 쓰세요.

many	much	big	old	often

1 How _____ do you visit your hometown?

2 How _____ subjects do you study?

3 How _____ is the Sahara Desert? — It is 9,400,000 square kilometers.

4 How _____ is your science teacher? — She is in her thirties.

5 How _____ is this bottled water?

much	long	tall	fast	late

6 How _____ is the tower?

7 How _____ money do you need?

8 How _____ does the airplane fly? — Over 900 kilometers an hour.

9 How _____ did you study last night? — For five hours.

10 How _____ did you stay up last night? — Until one in the morning.

VOCAB friendly 친절한, 상냥한　kindly 친절하게　company 회사　desert 사막　bottled water (병에 든) 생수　tower 탑

C 주어진 단어와 표현을 바르게 배열하여 의문문을 만드세요.

1   how / the dessert / was   How was the dessert?

2   your parents / are / how

3   collect / you / how much money / did

4   Bill / does / prepare / how / for tests

5   borrow / you / did / how many books

6   do / skin problems / doctors / how / treat

7   how often / come here / you / do

8   that little boy / the heavy box / did / how / lift

D 주어진 단어와 표현을 사용하여 대화를 완성하세요. (필요시 형태를 변형할 것)

1   **A**: _____ your bicycle? (fix)

    B: I didn't. I took it to the repair shop.

2   **A**: _____ on his math test? (Jimmy, do)

    B: Not very well. Math is his worst subject.

3   **A**: _____ ? (this film)

    B: It's two hours long.

4   **A**: _____ in the desert? (it, rain)

    B: Only once or twice a year.

5   **A**: _____ ? (your new job, hard)

    B: It's very hard, but I can handle it.

6   **A**: _____ ? (he, have, many stamps)

    B: He has over five hundred stamps.

VOCAB   borrow 빌리다   repair shop 수리점, 정비 공장   worst 최악의, 가장 못하는

REVIEW TEST

▶ 정답과 해설 22쪽

A 다음 단어의 뜻을 쓰세요.

1	favorite	_____	2	treasure	_____
3	popular	_____	4	mind 몡	_____
5	different	_____	6	butterfly	_____
7	proud	_____	8	mud	_____
9	alone	_____	10	goal	_____
11	creative	_____	12	solve	_____
13	president	_____	14	problem	_____
15	role	_____	16	fix	_____
17	price	_____	18	handle 동	_____
19	matter 몡	_____	20	prepare	_____
21	match 몡	_____	22	treat 동	_____
23	message	_____	24	lift 동	_____
25	guest	_____	26	stay up	_____
27	cave	_____	28	collect	_____
29	accident	_____	30	subject	_____

B 빈칸에 알맞은 의문사를 골라 쓰세요.

What	Who	When	Where	Why

1 _____ is the girl on the bench? — She is my cousin.

2 _____ did you finish your homework? — Last night.

3 _____ is the price of these earphones? — Ten dollars.

4 _____ did Max give Marie a rose? — Because he loves her.

5 _____ is my eraser? — Under the desk.

C 빈칸에 알맞은 단어를 골라 쓰세요.

| long | often | many | old | fast | much |

1 How _____ do you earn a month?

2 How _____ did you live there?

3 How _____ is your grandfather? — He is over seventy.

4 How _____ people were at the party?

5 How _____ do you visit your grandparents? — Once a month.

6 How _____ is the KTX train? — It goes 300 kilometers an hour.

D 빈칸에 be와 do의 알맞은 형태를 쓰세요.

1 Why _____ you late for school yesterday?

2 How many books _____ you read last month?

3 Who _____ the most popular singers these days?

4 Where _____ you live when you were young?

5 How _____ you usually get to school?

6 When _____ your mother's birthday?

7 What _____ she usually eat for breakfast?

8 Where _____ she last night?

9 How tall _____ the Namsan Tower?

10 How much money _____ you spend last month?

E 주어진 우리말에 맞게 영문을 완성하세요.

1 그는 그의 컴퓨터를 어떻게 고쳤나요?

_____ his computer? (fix)

2 당신은 그 공책을 어디서 샀나요?

_____ the notebook? (buy)

3 당신은 하루에 몇 시간 자나요?

_____ a day? (hours)

4 그 영화에서 그의 역할이 무엇인가요?

_____ in the movie? (role)

5 그들이 언제 런던에 도착했나요?

_____ in London? (arrive)

6 당신은 하루에 물을 얼마나 많이 마시나요?

_____ a day? (drink)

7 너는 그녀를 얼마나 오래 기다렸니?

_____ ?

8 Anthony는 얼마나 자주 휴가를 가나요?

_____ ? (go on vacation)

시제

- 주어가 단수인지, 복수인지에 따라, 그리고 현재의 일을 말하는지, 과거의 일을 말하는지에 따라 동사의 형태가 달라집니다.

- 행위가 일시적인지, 지속적인지에 따라 동사의 형태가 달라집니다.

- '일시적으로 어떤 일을 하는 중'임을 표현할 때는 진행형을 써요.

현재의 일을 말할 때는 동사를 그대로 씁니다.

I enjoy ...

We follow ...

They do ...

단, 주어가 한 사람 또는 한 개의 사물일 때는 동사에 주로 -s, -es를 붙여요.

He enjoys ...

It follows ...

Amy does ...

**과거의 일을 말할 때, 동사는 주어의 수에 따라 변하지 않아요.
대부분 동사에 -ed를 붙입니다.**

She enjoyed ...

They followed ...

불규칙 과거형은 별도로 암기해야 하고요.

meet – met

go – went

drive – drove

**어느 순간 일어나고 있는 일은 진행형으로 표현합니다.
동사 뒤에 -ing(…하는 중인)를 붙여요.**

run 뛰다 → running 뛰는 중인

talk 말하다 → talking 말하는 중인

여기에 be동사(이다)를 앞에 더합니다.

be(이다)+running(뛰는 중인) → 뛰는 중이다

be(이다)+talking(말하는 중인) → 말하는 중이다

현재나 과거는 be동사에 표시해요.

am running 뛰고 있다

was running 뛰고 있었다

are talking 말하고 있다

were talking 말하고 있었다

UNIT 25 현재시제, 현재진행형

기초 어휘 주어진 단어의 뜻을 쓰세요.

1 band 명	**2** environment 명	**3** hole 명	**4** cow 명	**5** field 명
6 action film	**7** bone 명	**8** business 명	**9** cross 동	**10** boil 동
11 check 동	**12** heat 동	**13** bury 동	**14** burn 동	**15** destroy 동
16 paint 동	**17** knock 동	**18** classical 형	**19** successful 형	**20** smart 형

의미 **1** 악단, 밴드 **2** 환경 **3** 구멍 **4** 암소 **5** 들판, 분야 **6** 액션 영화 **7** 뼈 **8** 사업 **9** (가로질러) 건너다 **10** 끓다, 끓이다 **11** 검사하다, 점검하다 **12** 데우다, 가열하다 **13** 묻다, 매장하다 **14** 타다, 태우다 **15** 파괴하다 **16** 칠하다 **17** 두드리다, 노크하다 **18** 고전의, 클래식의 **19** 성공적인 **20** 똑똑한

A 현재시제(단순 현재)

- 현재의 일을 말할 때 쓰는 동사의 형태를 현재시제라고 해요.
- 현재시제는 현재의 상태, 일반적 사실, 습관적인 일을 나타냅니다.

You **are** very smart.[1]
I **like** classical music.[2]
My parents **go** to church every Sunday.[3]
The sun **rises** in the east and **sets** in the west.[4]

★be: am, is, are
★일반동사: 원형 / 3인칭 단수 주어일 때는 -(e)s

B 현재진행형

- 현재 일어나고 있는 일은 현재진행형으로 표현해요.
(am[is, are] v-ing: v하고 있다)

★v(동사): 본 교재에서는 동사원형을 나타내는 기호로 사용함

I **am writing** an email now.[5]
They **are sitting** on the bench.[6]
The band **is playing** my favorite song.[7]

- 현재진행형은 일시적으로 일어나고 있는 일에 씁니다. 습관적인 일에는 쓰지 않아요.

Someone **is knocking** at the door.[8]
I always **knock** before I open a door.[9]

★현재 노크 중 (일시적)
★항상 노크 (습관적)

예문역 [1]너는 아주 똑똑하다. [2]나는 클래식 음악을 좋아한다. [3]내 부모님은 매주 일요일에 교회에 가신다. [4]태양은 동쪽에서 떠서 서쪽으로 진다. [5]나는 지금 이메일을 쓰고 있다. [6]그들은 벤치에 앉아 있다. [7]그 밴드는 내가 가장 좋아하는 노래를 연주하고 있다. [8]누군가가 문을 노크하고 있다. [9]나는 문을 열기 전에 항상 노크한다.

EXERCISE

▶ 정답과 해설 23쪽

A **Do It Yourself**
주어진 주어에 맞는 동사의 현재시제와 현재진행형을 쓰세요.

1	They (eat)	They eat / They are eating
2	He (check)	
3	She (smile)	
4	It (destroy)	
5	We (paint)	
6	You (write)	
7	My father (read)	
8	Kevin and Jenny (cross)	
9	Water (boil)	
10	The children (bury)	

B 문맥에 맞는 동사를 골라 알맞은 형태로 쓰세요.

> [현재시제]　be　eat　make　paint

1 His business _____ very successful.

2 We _____ the walls of our house every two years.

3 My dog always _____ holes in my shoes.

4 Elephants _____ 100 kilograms of food every day.

> [현재진행형]　sit　draw　eat　destroy　bury

5 Cows _____ grass in the field.

6 I _____ a picture of the cows.

7 She _____ in her chair.

8 The dog _____ his bone in the ground.

9 We _____ our environment.

Chapter
8

C 문맥상 공통으로 들어갈 동사를 골라 현재시제나 현재진행형을 쓰세요.

| rain   boil   check   heat   burn   cross |

1 **a.** This ferry _____ the river once a day.
   b. They _____ the river in a boat right now.

2 **a.** Be careful. The water _____.
   b. Water _____ at 100 degrees Celsius.

3 **a.** My boss often _____ my work.
   b. Wait! I _____ the prices.

4 **a.** It _____ outside. Take an umbrella.
   b. It _____ a lot in summer in Korea.

5 **a.** The sun _____ the earth.
   b. Mom _____ up some chicken soup for lunch.

6 **a.** The hot sun _____ our skin in summer.
   b. Dad _____ leaves behind the house now.

Do It Yourself

D 주어진 우리말에 맞게 영문을 완성하세요. (**기초 어휘** 의 단어를 참고할 것)

1 그는 날마다 사과를 한 개 먹는다.
   _____ every day.

2 그는 새 액션 영화를 찍고 있는 중이다.
   _____ a new action film. (work on)

3 종이는 불에 빨리 탄다.
   _____ in a fire.

4 그는 울타리를 노란색으로 칠하고 있다.
   _____ yellow.

5 한 노인이 길을 건너고 있다.
   _____ the street.

6 나는 지금 (내) 수학 숙제를 하고 있다.
   _____ right now.

VOCAB ferry 연락선, 나룻배   careful 조심하는, 주의 깊은   degree (온도 단위인) 도   Celsius 섭씨의   work on 작업하다

UNIT 26 과거시제, 과거진행형

A 과거시제(단순 과거)

• 과거의 일을 말할 때 쓰는 동사의 형태를 과거시제라고 해요.

• 과거시제는 과거의 상태, 동작, 습관적인 일을 나타냅니다.

I **was** at the library last night.[1]

We **arrived** home after midnight.[2]

She **hugged** her children.[3]

My family often **ate** at Kim's Kitchen.[4]

★ be: was, were
★ 일반동사: -ed / 불규칙 과거형

B 과거진행형

• 과거 어떤 시점에 일어나고 있었던 일은 과거진행형으로 표현해요.

(was[were] v-ing: v하고 있었다)

We **were watching** TV at that time.[5]

Mom **was cooking** when I came home.[6]

• 과거진행형은 과거의 어느 한 때에 관심을 두고 그때 일어나고 있던 일을 말할 때 써요.
과거의 습관적인 일이나 단순히 과거에 일어난 일에는 진행형을 쓰지 않아요.

He **was eating** lunch at that time.[7]   (그때에) 먹고 있었다

I **was repairing** my car when you called me.[8]   (…할 때에) 고치고 있었다

We always **ate** lunch at noon.[9]   (습관적으로) 먹었다

My dad **repaired** my bike yesterday.[10]   (단순한 과거의 일) 고쳤다

예문역 [1]나는 어젯밤에 도서관에 있었다. [2]우리는 자정이 지나서 집에 도착했다. [3]그녀는 그녀의 아이들을 껴안았다. [4]우리 가족은 종종 Kim's Kitchen에서 식사했다. [5]우리는 그때 TV를 보고 있었다. [6]엄마는 내가 집에 왔을 때 요리하고 계셨다. [7]그는 그때 점심을 먹고 있었다. [8]네가 내게 전화했을 때 나는 내 차를 고치고 있었다. [9]우리는 항상 정오에 점심을 먹었다. [10]나의 아빠는 내 자전거를 어제 고치셨다.

EXERCISE

▶ 정답과 해설 24쪽

A **Do It Yourself**
주어진 주어에 맞는 동사의 과거시제와 과거진행형을 쓰세요.

1 They (eat)   _They ate / They were eating_

2 He (beg)   _____

3 She (go)   _____

4 It (rain)   _____

5 We (jog)   _____

6 Andrew (mix)   _____

7 My father (read)   _____

8 Kevin and Ted (fight)   _____

9 People (watch)   _____

10 The children (cheer)   _____

B 문맥에 맞는 동사를 골라 알맞은 형태로 쓰세요.

> [과거시제] be   enter   send   play   cheer

1 We _____ the guitar until midnight.

2 My mother _____ sick last week.

3 My teacher _____ the classroom slowly.

4 I _____ my boyfriend a postcard from Paris.

5 The crowd _____ when I hit a home run.

> [과거진행형] sleep   add   beg   celebrate   watch

6 The poor man _____ for money.

7 The cook _____ salt to the meat.

8 The patient _____ when the doctor came in.

9 The children _____ cartoons on TV.

10 We _____ my birthday when you called me.

VOCAB until …까지 slowly 천천히 cook 요리사 meat 고기

C 문맥상 공통으로 들어갈 동사를 골라 과거시제나 과거진행형을 쓰세요.

| watch eat fight jog hike mix |

1 **a.** The children _____ colors when the teacher came in.
     b. I _____ two colors and made this orange paint.

2 **a.** We _____ TV all day yesterday.
     b. We _____ TV when our parents came home.

3 **a.** I _____ a sandwich for lunch.
     b. I _____ a sandwich when the doorbell rang.

4 **a.** Two students _____ when the teacher came in.
     b. Two students _____ in the gym after school.

5 **a.** My father _____ when I called him.
     b. My father _____ in the park this morning.

6 **a.** I _____ up the mountain yesterday morning.
     b. I _____ up the mountain at that time.

D Do It Yourself
주어진 우리말에 맞게 영문을 완성하세요. (기초 어휘의 단어를 참고할 것)

1 그녀는 그녀의 어머니를 포옹하고 있었다.
     _____.

2 나는 모든 숫자를 다 더했다.
     _____. (add up)

3 그는 약간의 음식을 구걸하고 있었다.
     _____.

4 그 반 (아이들)은 빈 병들을 재활용했다.
     The class _____. (recycle)

5 나는 그때 네 아파트 건물의 계단을 올라가고 있었다.
     _____ at that time. (up the stairs)

6 내 고양이는 창가에서 낮잠을 자고 있었다.
     _____ by the window. (take a nap)

VOCAB paint 물감 doorbell 초인종 ring (종·벨 등이) 울리다 gym 체육관

Chapter

8

UNIT 27 시간의 표현

기초 어휘 주어진 단어의 뜻을 쓰세요.

1 market 명	**2** jacket 명	**3** yard 명	**4** bakery 명
6 pot 명	**7** cash 명	**8** credit card	**9** race 명
11 weight 명	**12** salesperson 명	**13** hurt 동	**14** deliver 동
16 ski 동	**17** trust 동	**18** kid 동	**19** search 동

5 noodle 명
10 prize 명
15 feed 동
20 fold 동

> **의미** **1** 시장 **2** 웃옷, 재킷 **3** 마당 **4** 빵집, 제과점 **5** 국수 **6** 단지, 냄비 **7** 현금 **8** 신용카드 **9** 경주, 레이스 **10** 상 **11** 무게, 체중
> **12** 영업 사원, 판매원 **13** 다치다, 다치게 하다 **14** 배달하다 **15** 먹이다, 음식을 주다 **16** 스키를 타다 **17** 신뢰하다 **18** 농담하다, 놀리다
> **19** 찾다, 뒤지다 **20** 접다, 접히다

A 부사어구

- 문장에는 시간을 나타내는 부사어구가 있는 경우가 많아요.
- 자주 쓰이는 것을 알아 두면 시간을 판단하여 동사의 형태를 결정하는 데 도움이 됩니다.

습관	현재시제(단순 현재) 과거시제(단순 과거)	every day[week, year], always, usually, often, never ...
현재 특정 시점	현재진행형	now, right now, at the moment ...
과거 특정 시점	과거진행형	at that time, when ..., then ...

She **always wears** a black jacket.[1]   ★ 현재의 습관
Mom **shopped** at the market **every day**.[2]   ★ 과거의 습관

Mom **is shopping** at the market **now**.[3]
William **was cleaning** his yard **at that time**.[4]
My father **was making** noodles **when** I came home.[5]

- 문맥과 상황상 알고 있거나, 불필요할 때는 시간을 표시할 필요가 없어요.

He **paid** for his lunch in cash (after lunch).[6]
He **is counting** his cash (now).[7]

> **예문역** [1]그녀는 항상 검은색 재킷을 입는다. [2]엄마는 매일 그 시장에서 쇼핑을 하셨다. [3]엄마는 지금 그 시장에서 쇼핑을 하고 계신다. [4]William은
> 그때 마당을 청소하고 있었다. [5]내 아버지는 내가 집에 왔을 때 국수를 만들고 계셨다. [6]그는 현금으로 점심값을 지불했다 (점심 식사 후에).
> [7]그는 현금을 세고 있다 (지금).

EXERCISE

▶ 정답과 해설 24쪽

A 문맥에 맞는 동사를 골라 알맞은 형태로 쓰세요. (단순 현재, 단순 과거를 구분할 것)

> sell   enjoy   meet   win   trust

1 Many people _____ cold noodles in summer.

2 My parents always _____ me. I'm honest with them.

3 They usually _____ at a bakery when they dated.

4 That salesperson is the best. He _____ over 10 cars every month.

5 His sister _____ first prize in a singing contest last month.

> buy   put   search   hurt   deliver

6 She _____ a new pair of glasses yesterday.

7 The salesperson _____ my new car yesterday.

8 I _____ my left arm when I fell.

9 Some people _____ the Internet every night.

10 I loved her food, but she often _____ too much salt in it.

B 문맥에 맞는 동사를 골라 알맞은 형태로 쓰세요. (현재진행형, 과거진행형을 구분할 것)

> rain   ski   lose   boil   search

1 The water in the pot _____ now.

2 It _____ when I left the house.

3 I _____ weight these days.

4 She _____ when she hurt her legs.

5 Wait! I _____ for the key.

> wait for   have   talk   kid   feed

6 He _____ dinner when I called him.

7 You _____ ! I don't believe it.

8 Justine _____ her dog when I visited her.

9 Emily, I _____ you at the bus stop now.

10 Alex _____ on the phone when I came home.

C 주어진 우리말에 맞게 영문을 완성하세요. (기초 어휘)의 단어를 참고할 것)

1 Dorothy는 빵집에서 그녀의 친구들을 만났다.

Dorothy _____ at the bakery.

2 그 권투 선수는 약간의 몸무게를 줄였다.

The boxer _____.

3 그 아이들이 마당에서 놀고 있다.

The children _____.

4 Benjamin은 나가는 수영 경기마다 일등상을 탄다.

Benjamin _____ in every swimming race. (first prize)

5 엄마는 거실에서 옷을 개고(접고) 계신다.

My mom _____ in the living room. (clothes)

6 내 아버지는 항상 신용카드로 지불하신다.

My father _____. (by credit card)

7 나는 스페인에 있는 친구로부터 엽서 한 통을 받았다.

I _____ from my friend in Spain. (receive)

8 Mark는 내가 오늘 아침에 보았을 때 신문을 배달하고 있었다. (신문을 배달하고 있었다 / 그를 보았을 때)

Mark _____ when I _____ this morning.

A 다음 단어의 뜻을 쓰세요.

1	environment	_____	2	add	_____
3	hole	_____	4	celebrate	_____
5	field	_____	6	jog	_____
7	business	_____	8	hug 동	_____
9	successful	_____	10	repair 동	_____
11	cross 동	_____	12	cash	_____
13	check 동	_____	14	bakery	_____
15	bury	_____	16	race 명	_____
17	burn	_____	18	hurt	_____
19	destroy	_____	20	deliver	_____
21	patient 명	_____	22	feed	_____
23	crowd	_____	24	weight	_____
25	nap 명	_____	26	trust 동	_____
27	enter	_____	28	search 동	_____
29	recycle 동	_____	30	fold	_____

B 주어진 주어에 맞는 동사의 알맞은 형태를 쓰세요.

		현재시제	과거시제	현재진행형	과거진행형
1	He (sleep)	sleeps	slept	is sleeping	was sleeping
2	I (write)				
3	She (go)				
4	They (sit)				
5	My dad (read)				
6	People (eat)				
7	Teachers (check)				
8	It (make)				
9	Children (play)				
10	They (destroy)				
11	The cook (mix)				
12	A baby (cry)				

C 다음 문장에서 틀린 부분을 찾아 바르게 고치세요.

1 I am studying when Tony came. _____ ➡ _____

2 My mom cooks in the kitchen right now. _____ ➡ _____

3 Sally exercises a lot. She is jogging every morning. _____ ➡ _____

4 Tara and Gary wait for their friends now. _____ ➡ _____

5 I was sending you an email this morning. _____ ➡ _____

6 The workers painted the bridge at that time. _____ ➡ _____

7 Be quiet! Laura studies for a big test. _____ ➡ _____

D 주어진 우리말에 맞게 영문을 완성하세요.

1 내 어머니는 매주 일요일에 쇼핑을 가신다.
My mother _____ every Sunday. (go)

2 봄에는 들판이 푸르게 변한다.
The field _____ in spring. (turn)

3 Cathy는 그녀의 애완견을 묻어 주었다.
Cathy _____.

4 가스레인지 위에 있는 물이 끓고 있다.
The water on the stove _____.

5 내가 집에 왔을 때 남동생은 자고 있었다.
My brother _____ when I _____.

6 Patricia는 오늘 아침에 3시간 동안 전화 통화를 했다.
Patricia _____ for three hours this morning. (talk)

7 네가 내게 전화했을 때 우리는 너에 대해 말하고 있었다.
We _____ when you _____.

8 학생들은 그들의 선생님의 생일을 축하하고 있었다.
The students _____.

Never discourage anyone who makes continual progress, no matter how slow.

꾸준히 발전하는 사람의 사기를 꺾지 마라, 아무리 느리다 해도. – Ritu Ghatourey

CHAPTER 9

be v-ed
(수동태)

- 동사에는 주어가 어떤 행위를 하는지, 당하는지가 표시됩니다.

- 크게 주어가 어떤 행위를 하는 경우(주어가 …하다)와, 주어가 어떤 행위를 받거나 당하는 경우(주어가 …되다, 받다, 당하다)의 두 가지로 나뉘는데, 각각 쓰이는 동사의 형태가 달라요.

  ① v: v하다 (v: 동사원형)
  ② be v-ed: v되다, 받다, 당하다 (v-ed: 과거분사)

GRAMMAR COACH

이해▶ **우리말과 영어**
- 되다, 받다: 우리말의 어미 '되다, 받다'는 영어의 수동태와 같은 의미입니다.

  사랑하다 / 사랑받다 (love / be loved)   사용하다 / 사용되다 (use / be used)
- 영어의 모든 수동태를 자연스런 우리말로 표현할 수는 없습니다. 우리말과 일치시켜 이해하는 것이 바람직하지도 않고요. 본 교재에서 '되다, 받다'라는 우리말식 풀이는 개념 이해를 위해 사용합니다.

이해▶ **과거분사**
동사는 3가지 형태로 변해요. 수동태에 쓰이는 것은 이 중 세 번째 형태이고, 과거분사라고 합니다.
대부분 v-ed이지만 형태가 일정치 않은 불규칙 동사들도 있어요. (➡ p. 166 동사 변화표)

원형 (v하다)	과거 (v했다)	과거분사 (v된, 이미 v한)
use	used	used
invite	invited	invited
find	found	found
make	made	made
break	broke	broken

동사의 기본 의미는 'v하다'입니다.

use 사용하다

invite 초대하다

지금까지 배워 온 것은 주어가 어떤 행위를 '하는' 경우입니다.

He uses … (그는 …를 사용한다)

I invited … (나는 …를 초대했다)

이를 동사의 능동형이라고 해요.

(능동: 스스로 함)

입장이 바뀌어 주어가 동작을 '받는' 경우가 생길 수 있겠죠?

예를 들어 '사용되다', '초대받다'처럼요.

같은 동사를 형태만 바꾸어 표현할 수 있습니다.

'…되다, 받다, 당하다'는 'be v-ed'로 표현해요.

be used 사용되다

be invited 초대받다

주어의 수와 시제에 따라 be는 am/is/are/was/were가 돼요.

The computer **is used** … (그 컴퓨터는 사용된다)

The computer **was used** … (그 컴퓨터는 사용되었다)

They **are invited** … (그들은 초대된다)

They **were invited** … (그들은 초대되었다)

이를 동사의 수동형이라고 해요.

(수동: 남의 힘을 받아 움직임)

UNIT 28 be v-ed

기초 어휘 주어진 표현의 뜻을 쓰세요.

1 be cleaned	**2** be hunted	**3** be enjoyed	**4** be used	**5** be invited
6 be asked	**7** be painted	**8** be cooked	**9** be covered	**10** be visited
11 be destroyed	**12** be carried	**13** be repeated	**14** be started	**15** be invented
16 be played	**17** be killed	**18** be protected	**19** be introduced	**20** be finished

> **의미** **1** 청소되다 **2** 사냥되다 **3** 즐겨지다 **4** 사용되다 **5** 초대되다 **6** 질문을 받다 **7** 칠해지다 **8** 요리되다 **9** 덮이다 **10** 방문을 받다
> **11** 파괴되다 **12** 운반되다 **13** 반복되다 **14** 시작되다 **15** 발명되다 **16** 경기되다 (사람들이 경기하다) **17** 죽임을 당하다 (죽다)
> **18** 보호받다 **19** 소개[도입]되다 **20** 완료되다, 마무리되다

A be v-ed: v되다, 받다, 당하다

- 'be v-ed'는 주어가 동작을 받거나 당하는 것을 나타내는 동사 형식입니다. (수동)
- 주어의 수와 시제는 모두 be에 표시해요. (am[is, are, was, were] v-ed)

I **clean** my room every day.[1]	주어(I)가 청소한다 (능동)
My room **is cleaned** every day.[2]	주어(My room)가 청소된다 (수동)
Many people **love** music.[3]	Many people이 사랑한다 (능동)
Music **is loved** by many people.[4]	Music이 사랑받는다 (수동)
My room **was cleaned** yesterday by my brother.[5]	My room이 청소되었다
My cousins **were invited** to my birthday party.[6]	My cousins가 초대되었다

GRAMMAR COACH

이해▶ v(동사원형), v-ed(과거형), be v-ed(과거분사)

동사의 형태별 의미 차이를 구분하세요. (➡ p. 166 동사 변화표)

v (…하다)	v-ed (…했다)	be v-ed (…된다, 받는다/…되었다, 받았다)
clean	cleaned	am[is, are] cleaned (청소된다) was[were] cleaned (청소되었다)
love	loved	am[is, are] loved (사랑받는다) was[were] loved (사랑받았다)

이해▶ 능동태와 수동태

- 능동태: 주어가 어떤 행위를 하는 것을 표현하는 문장 (주어 v …)
- 수동태: 주어가 어떤 행위를 받거나 당하는 것을 표현하는 문장 (주어 be v-ed …)

> **예문역** [1]나는 매일 내 방을 청소한다. [2]내 방은 매일 청소된다. [3]많은 사람들이 음악을 사랑한다. [4]음악은 많은 사람들에 의해 사랑받는다.
> [5]내 방은 어제 내 형에 의해 청소되었다. [6]내 사촌들은 내 생일 파티에 초대되었다.

EXERCISE

▶ 정답과 해설 26쪽

 A

Do It Yourself
주어진 우리말을 영어로 쓰세요.

1	사용되다	be used	2	방문을 받다	_____
3	질문을 받다	_____	4	요리되다	_____
5	사냥되다	_____	6	파괴되다	_____

B 수동태 표현을 찾아 밑줄로 표시하고, 그 의미를 쓰세요.

1 Elephants <u>are hunted</u> for their tusks.   사냥된다

2 The teacher was asked a question.   _____

3 History is repeated.   _____

4 The computers are used by the students.   _____

5 This soup was cooked by my father.   _____

6 Baseball is enjoyed in many countries.   _____

7 The telephone was invented by Bell.   _____

8 The island was covered with flowers.   _____

9 The fire was started by lightning.   _____

10 This museum is visited by lots of people.   _____

11 These pictures were painted by a great artist.   _____

12 In this story, a frog was kissed by a princess.   _____

C 문맥에 맞는 동사의 수동태 표현을 사용하여 문장을 완성하세요.

play	use	kill	destroy	finish	introduce

1 Wooden bats _____ in baseball games.

2 The work _____ yesterday.

3 I _____ to Betty by Nick last week.

4 Soccer _____ all over the world.

5 Five people _____ in the accident last night.

6 Many buildings _____ by fires every year.

VOCAB tusk (코끼리의) 엄니, 상아 lightning 번개 wooden 나무로 된, 목재의 bat 방망이, 배트 all over the world 세계 도처에서

Chapter

9

Do It Yourself
수동태 표현을 사용하여 주어진 우리말에 맞게 영문을 완성하세요. (기초 어휘의 단어를 참고할 것)

1 그 환자는 병원으로 실려 갔다(운반되었다).

The patient _____ to the hospital.

2 그녀는 어제 몇몇 친구의 방문을 받았다.

She _____ by some friends yesterday.

3 그 산들은 겨울에 눈으로 덮인다.

The mountains _____ with snow in winter.

4 젓가락은 많은 아시아 국가들에서 사용된다.

Chopsticks _____. (Asian countries)

5 그 아이들은 경찰의 보호를 받았다.

_____ by the police.

6 그 거리들은 매일 아침 청소된다.

_____.

7 그의 집은 화재에 의해 파괴되었다(무너졌다).

_____. (the fire)

8 많은 사람들이 그 전쟁에서 죽임을 당했다(죽었다).

_____. (the war)

UNIT 29 불규칙 동사의 수동형

기초 어휘 주어진 동사의 수동형을 쓰세요.

1 make _be made_	**2** sell _____	**3** tell _____	**4** find _____	**5** build _____
6 send _____	**7** hold _____	**8** catch _____	**9** teach _____	**10** cut _____
11 hit _____	**12** do _____	**13** write _____	**14** grow _____	**15** speak _____
16 show _____	**17** eat _____	**18** give _____	**19** break _____	**20** wear _____

의미 **2** be sold **3** be told **4** be found **5** be built **6** be sent **7** be held **8** be caught **9** be taught **10** be cut **11** be hit **12** be done **13** be written **14** be grown **15** be spoken **16** be shown **17** be eaten **18** be given **19** be broken **20** be worn

A be made

- 수동태에 쓰이는 v-ed는 동사의 형태 변화 중 3번째 것을 말합니다.
- 대부분 v-ed이지만 형태가 불규칙한 것들이 있으니 별도로 암기해야 해요.

Paper **is made** from wood.[1]
These buildings **were built** over 100 years ago.[2]
Her wedding ring **was found** under the bed.[3]
Many trees **are cut** down every year.[4]
He **is given** 20,000 won a week as allowance.[5]

GRAMMAR COACH

이해▶ 의미 파악 연습

break	be broken (부서지다)	make	be made (만들어지다)
build	be built (지어지다)	put	be put (놓여지다)
catch	be caught (잡히다)	sell	be sold (팔리다)
cut	be cut (잘리다)	send	be sent (보내지다)
do	be done (되다, 행해지다)	show	be shown (보여지다 – 보이다)
eat	be eaten (먹히다)	speak	be spoken (말해지다 – 사용되다)
find	be found (발견되다)	take	be taken (받아들여지다)
give	be given (주어지다 – 받다)	teach	be taught (가르쳐지다 – 배우다)
grow	be grown (재배되다)	tell	be told (듣다)
hit	be hit (맞다, 충돌되다)	wear	be worn (입어지다)
hold	be held (들려지다, 개최되다)	write	be written (쓰이다)

※ 우리말로는 대체로 '되다, 받다, 당하다'를 붙이면 의미가 통하지만, 어색한 것들이 있습니다. 수동태의 개념을 익히기 위한 연습용으로 사용하세요. 익숙해지면 우리말을 거치지 않고 수동의 의미를 바로 받아들일 수 있어요.

예문역 [1]종이는 나무로 만들어진다. [2]이 건물들은 100년도 더 전에 지어졌다. [3]그녀의 결혼반지가 침대 밑에서 발견됐다. [4]많은 나무들이 매년 베어진다. [5]그는 용돈으로 일주일에 2만 원을 받는다.

Chapter **9**

EXERCISE

▶ 정답과 해설 26쪽

A **Do It Yourself**
주어진 우리말을 영어로 쓰세요.

1	만들어지다	<u>be made</u>	**2**	지어지다
3	발견되다		**4**	팔리다
5	잡히다		**6**	배우다 (teach)
7	(언어가) 사용되다		**8**	(글이) 쓰이다

B 수동태 표현을 찾아 밑줄로 표시하고, 그 의미를 쓰세요.

1 Many cars <u>are made</u> in China. _____만들어진다_____

2 Most things were done by hand in the past. _____

3 That poem was written by Kevin. _____

4 Many fish are caught in this river. _____

5 Rice is grown in many Asian countries. _____

6 Snakes are eaten in some countries. _____

7 Many books are sold by online bookstores. _____

8 The Olympics are held every four years. _____

9 I was given a gift by Susan. _____

10 The window was broken by my little brother. _____

11 Over two billion emails are sent every day. _____

12 Fresh flowers are put on her desk every morning. _____

C 문맥에 맞는 동사의 수동태 표현을 사용하여 문장을 완성하세요.

make	show	teach	speak	tell	wear

1 Two languages _____ in the country.

2 I _____ taekwondo by Sam last year.

3 I _____ the truth yesterday.

4 The first bicycles _____ over 200 years ago.

5 Blue jeans _____ by people of all ages.

6 Cartoons _____ on many TV channels.

VOCAB past 과거 poem 시 gift 선물 billion 10억 language 언어 age 연령, 나이 cartoon 만화 channel (TV의) 채널

Do It Yourself

D 수동태 표현을 사용하여 주어진 우리말에 맞게 영문을 완성하세요. (기초 어휘)의 단어를 참고할 것)

1 많은 액션 영화들이 홍콩에서 만들어진다.
Many action films _____ in Hong Kong.

2 오래된 편지 한 통이 그 상자에서 발견되었다.
An old letter _____ in the box.

3 그 편지는 100년 전에 쓰인 것이다.
_____ 100 years ago.

4 요즘은 많은 위험한 일들이 로봇에 의해 행해진다(로봇이 한다).
Many dangerous jobs _____ by robots these days.

5 이 재킷은 한 유명한 배우가 입었던 것이다.
This jacket _____ by a famous actor.

6 내 개가 어제 자전거에 치였다.
_____ by a bike yesterday.

7 그 아이들은 지난여름에 캠프에 보내졌다.
_____ to the camp last summer.

8 소고기는 여러 다양한 방법으로 먹어진다(사람들이 먹는다).
_____ in many different ways.

9 그 정원에는 채소들이 재배된다.
_____.

10 나는 매년 밸런타인데이에 많은 초콜릿을 받는다.
I _____ every Valentine's Day.

UNIT 30 능동태, 수동태 문장 비교

기초 어휘 주어진 표현의 뜻을 쓰세요.

1 discover	2 be discovered	3 fill	4 be filled	5 respect
6 be respected	7 fry	8 be fried	9 produce	10 be produced
11 cause	12 be caused	13 understand	14 be understood	15 reuse
16 be reused	17 welcome	18 be welcomed	19 pollute	20 be polluted

의미 **1** 발견하다 **2** 발견되다 **3** 채우다 **4** 채워지다 **5** 존경하다 **6** 존경받다 **7** 튀기다 **8** 튀겨지다 **9** 생산하다 **10** 생산되다
11 일으키다, 초래하다 **12** 초래되다, (…에 의해) 생기다 **13** 이해하다 **14** 이해되다 **15** 재사용하다 **16** 재사용되다 **17** 환영하다
18 환영받다 **19** 오염시키다 **20** 오염되다

A 목적어 ⇒ 주어

• 수동태 문장은 능동태 문장의 목적어를 주어로 사용한 문장이에요.
• 동사에 주어가 행위를 받는다는 표시 'be v-ed'를 합니다.

My sister broke **my glasses**.¹   my glasses: broke의 목적어

My glasses <u>were broken</u> by my sister.²   my glasses: 주어
　　① 　②

Dark clouds produce **rain**.³   rain: produce의 목적어

Rain <u>is produced</u> by dark clouds.⁴   rain: 주어
　① 　②

• 누가 행위를 했는지는 문장 뒤에 **by**(…에 의해)로 표시해요.
• by 뒤로 가는 것은 능동태 문장의 주어입니다(행위를 한 주체이므로).

My glasses **were broken** <u>by my sister</u>.   my sister에 의해
　　　　　　　　③

Rain **is produced** <u>by dark clouds</u>.   dark clouds에 의해
　　　　　　③

 GRAMMAR COACH

암기▶ 수동태 문장이 만들어지는 과정
수동태 문장은 의미상 능동태 문장을 바탕으로 만들어집니다. 두 문장을 비교하면서 과정을 이해하세요.
① 능동태 문장 목적어 → 수동태 문장 주어
② v(하다) → be v-ed(되다)
③ 능동태 문장 주어 → by+명사/대명사

B '하다, 되다'의 판단

- 독해를 할 때는 동사의 형태를 통해 '주어가 V하는지, V되는지'를 판단하세요.

Jane **asked** the teacher a question.[5]	ask했다
The teacher **was asked** a question by Jane.[6]	ask되었다(질문 받았다)
Mom **filled** our glasses with milk.[7]	fill했다
Our glasses **were filled** with milk by Mom.[8]	fill되었다(채워졌다)

- 문장을 쓸 때는 상식적인 의미 관계를 통해 '주어가 V하는지, V되는지'를 판단하세요.

produce	That factory **produces** cars.[9]	공장: 생산하다
	Cars **are produced** in that factory.[10]	자동차: 생산되다
discover	Gold **was discovered** in California.[11]	금: 발견됐다
	They **discovered** gold in California.[12]	그들: 발견했다

예문역 [1]내 여동생이 내 안경을 깨뜨렸다. [2]내 안경이 내 여동생에 의해 깨졌다. [3]먹구름이 비를 만든다. [4]비가 먹구름에 의해 만들어진다. [5]Jane은 선생님에게 질문을 했다. [6]선생님은 Jane에 의해 질문을 받았다. [7]엄마는 우유로 우리 잔을 채우셨다. [8]우리 잔은 엄마에 의해 우유로 채워졌다. [9]저 공장은 자동차를 생산한다. [10]자동차는 저 공장에서 생산된다. [11]금이 캘리포니아에서 발견되었다. [12]그들은 캘리포니아에서 금을 발견했다.

EXERCISE

Do It Yourself

동사를 찾아 밑줄로 표시하고, 그 의미를 쓰세요.

1   The window <u>was broken</u> by Justin.   깨졌다

2   My little brother broke the flower vase.   _____

3   The glass is filled with water.   _____

4   Please fill this bottle with water.   _____

5   I respect him for his hard work.   _____

6   The king was respected by his people.   _____

7   This store sells boots.   _____

8   The doll was sold to an old woman.   _____

9   The accident was reported to the police.   _____

10   I reported the fire to the fire station.   _____

11   The fish was fried in oil.   _____

12   I fried two eggs for breakfast.   _____

13   My mother reuses paper bags.   _____

14   Paper cups are reused in my office.   _____

15   The old building was destroyed by the storm.   _____

16   The storm destroyed the whole village.   _____

17   I am paid 5 million won a month.   _____

18   I pay 30,000 won per month for Internet service.   _____

19   Bad food causes stomachaches.   _____

20   The tsunami was caused by an underwater earthquake.   _____

VOCAB whole 전체의, 전부의   village 마을   million 100만   bad (음식이) 상한   stomachache 복통, 위통   tsunami 쓰나미(지진 해일)
underwater 물속의, 수중의

B 빈칸에 주어진 동사의 알맞은 형태를 쓰세요.

[1~6: 현재시제]

1 eat
   a. Rabbits _____ carrots.
   b. Carrots _____ by rabbits.

2 speak
   a. Spanish _____ in Mexico.
   b. People _____ Spanish in Mexico.

3 understand
   a. I _____ by my parents.
   b. My parents _____ me.

4 cause
   a. Pollution _____ global warming.
   b. Global warming _____ by pollution.

5 pollute
   a. Smoke from factories _____ the environment.
   b. The environment _____ by smoke from factories.

6 respect
   a. Our teacher _____ by all the students.
   b. All the students _____ our teacher.

[7~10: 과거시제]

7 give
   a. His parents _____ him a lot of money.
   b. He _____ a lot of money by his parents.

8 destroy
   a. The city _____ by an earthquake.
   b. An earthquake _____ the city.

9 find
   a. I _____ my sunglasses in Troy's car.
   b. My sunglasses _____ in Troy's car.

10 welcome
   a. Everyone _____ the new English teacher.
   b. The new English teacher _____ by everyone.

VOCAB carrot 당근　pollution 오염, 공해　global warming 지구 온난화　smoke 연기　factory 공장

REVIEW TEST

정답과 해설 28쪽

Do It Yourself

A 주어진 동사의 과거형, 수동 현재형, 수동 과거형을 쓰세요.

		과거형	수동 현재형	수동 과거형
1	cover	covered	is / are covered	was / were covered
2	play			
3	make			
4	build			
5	cook			
6	cut			
7	give			
8	kill			
9	find			
10	carry			
11	ask			
12	sell			
13	break			
14	use			
15	write			
16	introduce			
17	invite			
18	catch			
19	destroy			
20	produce			
21	speak			
22	grow			
23	discover			
24	send			
25	respect			

142 MY GRAMMAR COACH 기초편

B 문맥에 맞는 동사의 형태를 고르세요.

1 Some people [hunt / are hunted] wild animals for fun.

2 These photos [took / were taken] by me.

3 Many Americans [enjoy / are enjoyed] baseball.

4 They [asked / were asked] questions by the teacher.

5 She [visited / was visited] by her uncle yesterday.

6 The police [protected / were protected] the children.

7 We [carried / were carried] the patient to the hospital.

8 Many people [killed / were killed] in the fire.

9 We [caught / were caught] lots of fish in this river.

10 Estelle [gave / was given] a gift by her boyfriend.

11 My cell phone [found / was found] in the bathroom.

12 He [told / was told] me the truth yesterday.

13 The apple trees [cut / were cut] down by him.

14 We [reuse / are reused] paper cups in our office.

15 Boots [sell / are sold] in this store.

16 Three languages [speak / are spoken] in this country.

17 The hill [covers / is covered] with flowers in spring.

준동사 기초

동사의 의미	동사의 기본 의미는 '…(하)다'입니다. 시제, 태가 반영되어 '…한다, …했다, …되었다' 등의 의미로 쓰여도, 여전히 동사는 '…(하)다'의 의미입니다.
실제의 말	실제의 말에서는 동사를 이용해서 '…하는 것, …하기 위해, …하는' 처럼 다양한 표현을 해요.
동사의 역할 확장	영어에서는 동사의 형태를 바꾸어 더 다양한 의미와 역할을 갖게 합니다.

GRAMMAR COACH

이해 ▶ 준동사

• 준동사: 원래는 동사이나 형태를 바꾸어 다른 품사로 쓰이는 것을 준동사라고 합니다. 명사, 형용사, 부사의 역할을 해요.

• 세 가지 형태: 준동사에는 다음 세 가지 형태가 있어요.

　① 동사에 to를 붙인다 (to-v): to부정사

　② 동사에 ing를 붙인다 (v-ing): 동명사, 현재분사

　③ 동사 변화형 중 세 번째 (v-ed): 과거분사

　　(v-ed는 사용이 까다로운 것이라 [표준편]에서 다룸)

다음의 우리말과 영어를 비교해 보세요.

나는 <u>차를 사기를</u> <u>원한다</u>.
buy a car   want

나는 <u>차를 사기 위해</u> 돈을 모은다.
buy a car save money

영어 어순으로 정리하면 이렇게 됩니다.

그런데 한 문장에 동사가 두 개이니 문법적으로 틀립니다.

의미도 '…하다'에서 '…하는 것, …하기 위해'로 바뀌었죠?

I <u>want</u> **buy a car**. (×) 나는/원한다/차를 사기를

I <u>save money</u> **buy a car**. (×) 나는/모은다/돈을/차를 사기 위해

영어에서는 다른 의미를 나타내기 위해 동사의 형태를 변화시켜요.

그중 하나가 동사 앞에 to를 쓰는 것입니다.

I want **to buy a car**. (to-v: v하기, v하는 것)

I save money **to buy a car**. (to-v: v하기 위해)

동사에 -ing를 붙이기도 해요.

He **remembers fish with his father**. (×) (동사가 두 개임)

He remembers **fishing with his father**. (○) (v-ing: v하는 것)

그는 / 기억한다 / <u>낚시를 했던 것을</u> / 아버지와

Who **is** the **cry** boy? (×) (동사가 두 개임)

Who is the **crying** boy? (○) (v-ing: v하고 있는)

누구니 / <u>울고 있는</u> 남자아이는?

이렇게 의미가 달라진 것들은 다른 품사(명사, 형용사, 부사)의 역할을 합니다.

쉽게 생각해서 동사의 변신이라고 보면 돼요.

I want <u>**to buy a car**</u>. (명사 역할. want의 목적어)

I save money <u>**to buy a car**</u>. (부사 역할. …하기 위해)

He remembers <u>**fishing with his father**</u>. (명사 역할. remembers의 목적어)

Who is the <u>**crying**</u> boy? (형용사 역할. boy를 꾸며줌)

UNIT 31 to-v: v하는 것, v하기

기초 어휘 주어진 단어나 표현의 뜻을 쓰세요. (to-v는 'v하는 것, v하기'로 풀이할 것)

1 expect 동	**2** plan 동	**3** promise 동	**4** decide 동	**5** to reach
6 to park	**7** to review	**8** to communicate	**9** to master	**10** gift 명
11 note 명	**12** future 명	**13** space 명	**14** spaceship 명	**15** bottom 명
16 writer 명	**17** reader 명	**18** forever 부	**19** foreign 형	**20** common 형

의미 **1** 기대하다 **2** 계획하다 **3** 약속하다 **4** 결정하다 **5** 도착하는 것 **6** 주차하는 것 **7** 복습하는 것 **8** 의사소통하는 것, 연락하는 것 **9** 숙달하는 것 **10** 선물 **11** 메모, 필기 **12** 미래 **13** 우주, 공간 **14** 우주선 **15** 바닥 **16** 작가 **17** 독자 **18** 영원히 **19** 외국의 **20** 일반적인, 공통의

A want to-v

- to-v는 의도, 계획, 기대 등과 같은 미래지향적인 의미의 동사와 잘 쓰여요.

want/expect/hope/plan/decide/promise	**to-v**
(원하다/기대하다/희망하다/계획하다/결정하다/약속하다	**v하기를)**

I want **to buy a new computer**.[1]   원한다 / 사는 것을

I hope **to master English in middle school**.[2]   희망한다 / 숙달하는 것을

They plan **to reach Busan before noon**.[3]   계획한다 / 도착할 것을

We need **to save money for the future**.[4]   필요로 한다 / 모으는 것을

B 동사의 목적어

- 명사, 대명사가 동사의 목적어로 쓰인 경우와 같은 구조입니다.
- to-v는 목적어 자리에 있어요. 명사 역할을 하는 것이죠.

I want **a new computer**.[5]   원한다 / 새 컴퓨터를 (목적어: 명사)

The computer looks nice. I want **it**.[6]   원한다 / 그것을 (목적어: 대명사)

I want **to buy a new computer**.[7]   원한다 / 새 컴퓨터를 사기를 (목적어: to-v)

C 명사 역할의 [to-v ...]

- to-v가 이끄는 말 전체가 하나의 명사처럼 쓰여요.
- 이를 to부정사의 명사적 용법이라고 합니다.

v: v하다	to-v: v하기, v하는 것	
buy a new computer	to buy a new computer	새 컴퓨터를 사는 것
master English	to master English	영어를 숙달하는 것

예문역 [1]나는 새 컴퓨터를 사기를 원한다. [2]나는 중학교에서 영어를 숙달하기를 희망한다. [3]그들은 정오 전에 부산에 도착할 계획이다. [4]우리는 미래를 위해 돈을 모으는 것을 필요로 한다. [5]나는 새 컴퓨터를 원한다. [6]그 컴퓨터는 좋아 보인다. 나는 그것을 원한다. [7]나는 새 컴퓨터를 사기를 원한다.

EXERCISE

 A 밑줄 친 부분에서 동사와 to-v를 구분하여 우리말로 옮기세요.

1   I <u>hope to become a singer.</u>
희망한다 / 가수가 되기(를)

2   I <u>want to visit foreign countries.</u>

3   You <u>promised to buy me a gift</u>!

4   Josephine <u>decided to learn a foreign language.</u>

5   Please <u>remember to lock the door.</u>

6   She <u>learned to drive a car</u> when she was 20 years old.

7   The boy <u>wants to learn about wild animals.</u>

8   They <u>plan to communicate by email.</u>

9   Writers <u>need to communicate with readers.</u>

10 Do you <u>expect to get a good grade on the test</u>?

B to-v와 주어진 말을 사용하여 문장을 완성하세요.

1   We _____ .
    (decided, sell our car)

2   They _____ next year.
    (plan, get married)

3   I _____ in front of the building.
    (park my car, want)

4   You _____ before the test.
    (review your notes, need)

5   I _____ someday.
    (fly, hope, in a spaceship)

6   He _____ .
    (see, wants, the bottom of the sea)

7   They _____ .
    (tried, common English expressions, learn)

VOCAB language 언어 wild 야생의 grade 성적, 학점 expression 표현

Chapter **10**

C to-v를 사용하여 주어진 우리말에 맞게 영문을 완성하세요. (기초 어휘의 단어를 참고할 것)

1 그 아이는 울기 시작했다. (시작했다 / 울기를)

The child _____. (began)

2 그들은 New York에 제시간에 도착하기를 기대한다. (기대한다 / 도착하기를–뉴욕에–제시간에)

They _____ on time. (reach)

3 너는 너의 미래에 대해 생각할 필요가 있다. (필요로 한다 / 생각하는 것을–미래에 대해)

You _____. (think about)

4 그는 언젠가 우주로 여행하기를 희망한다. (희망한다 / 여행하기를–우주로–언젠가)

He _____ someday. (space)

5 그녀는 그를 영원히 사랑할 것을 약속했다. (약속했다 / 사랑할 것을–그를–영원히)

She _____ forever.

6 Michael의 부모님은 그에게 컴퓨터를 사 주기로 결정하셨다. (결정했다 / 사 주기를–그에게–컴퓨터를)

Michael's parents _____. (decide)

7 독자들은 작가들과 의사소통하기를 원한다. (원한다 / 의사소통하기를–작가들과)

_____. (communicate)

 **UNIT 32** to-v: v하기 위해

A work hard to-v

- to-v는 동사를 꾸며 어떤 일을 하려는 목적을 나타냅니다. (to-v: v하기 위해, v하려고)
- 이를 to-v의 부사적 용법이라고 해요.

He works hard **to support his family**.[1]　　　열심히 일한다 / 부양하기 위해

The children went out **to ride their bikes**.[2]　　나갔다 / 타기 위해

B 의미 구분

- [to-v ...]를 의미가 여러 개인 하나의 단어로 보면 이해가 쉬워요.
- 일단 가장 기본이 되는 의미 두 가지를 기억하고 문맥에서 구분하는 연습을 하세요.

　① v하는 것, v하기　② v하기 위해, v하려고

He needs **to support his family**.[3]　　　　그의 가족을 부양하는 것

He works hard **to support his family**.　　　그의 가족을 부양하기 위해

The child wanted **to ride a bike**.[4]　　　　자전거를 타기

The children went out **to ride their bikes**.　자전거를 타기 위해

 GRAMMAR COACH

이해 **의미 구분**

- 목적어, 목적의 의미: 용어가 비슷해서 목적의 의미를 나타내는 to-v를 앞 단원(Unit 31)에서 배운 목적어 (명사 역할)와 혼동할 수 있습니다. 목적의 의미를 나타내는 경우를 '위하여 to-v'로 구분해서 이해하세요.

- 다른 의미: to-v는 위 두 가지 외에 다른 역할과 의미가 있어요. [기초편]에서는 가장 기초적이고 많이 사용 되는 두 가지만 다루고 나머지는 [표준편]에서 다룹니다.

Chapter
10

예문역 [1]그는 그의 가족을 부양하기 위해 열심히 일한다. [2]그 아이들은 자전거를 타기 위해 나갔다. [3]그는 그의 가족을 부양할 필요가 있다. [4]그 아이 는 자전거 타기를 원했다.

EXERCISE

▶ 정답과 해설 29쪽

 to-v가 이끄는 어구를 찾아 밑줄로 표시하고, 그 의미를 쓰세요.

1   You use a knife <u>to cut things</u>.   물건을 자르기 위해

2   Andy started a diet to lose weight.   _____

3   Mom stopped at a store to buy some fruit.   _____

4   I wrote Mark a letter to apologize for my mistake.   _____

5   She went to the washroom to wash her hands.   _____

6   People join clubs to make new friends.   _____

7   Babies often cry to attract their mother's attention.   _____

8   We went outside to enjoy the sunshine.   _____

9   The company designed a new ad to sell more products.   _____

10 I'm working at a store to earn some pocket money.   _____

 주어진 표현과 to-v를 사용하여 문장을 완성하세요.

| have fun   buy a new cell phone   ask a question   have dinner with my family |

1   I raised my hand _____ .

2   We went to the party _____ .

3   Joey is saving money _____ .

4   I came home early _____ .

| open the door   congratulate her on her graduation   build its nest   reduce waste |

5   The bird worked hard _____ .

6   I pushed the button _____ .

7   I don't buy food in packaging _____ .

8   I sent Christina some flowers _____ .

VOCAB pocket money 용돈   raise 들어 올리다   save 모으다, 저축하다   graduation 졸업   waste 쓰레기   packaging 포장재, 포장

C to-v를 사용하여 주어진 우리말에 맞게 영문을 완성하세요. 기초 어휘 의 단어를 참고할 것)

1 나는 너를 보기 위해 여기에 왔다. (왔다 / 보기 위해–너를)

I came here _____ .

2 Megan은 한국말을 배우기 위해 한국에 왔다. (왔다 / 배우기 위해–한국말을)

Megan came to Korea _____ . (learn)

3 그녀는 빵을 만들기 위해 밀가루와 물을 섞었다. (섞었다 / 만들기 위해–빵을)

She mixed flour and water _____ .

4 시간은 열 시가 넘었다. 나는 마지막 버스를 잡아타기 위해 뛰었다. (뛰었다 / 잡기 위해–마지막 버스를)

It was after ten o'clock. I ran _____ . (catch)

5 우리는 눈사람을 하나 만들기 위해 눈을 모았다. (모았다 / 만들기 위해–눈사람 하나를)

We gathered snow _____ . (snowman)

6 그는 등의 통증을 줄이기 위해 약을 먹는다. (먹는다 / 줄이기 위해–등의 통증을)

He takes medicine _____ . (back pain)

7 회사들은 고객을 끌어들이기 위해 인터넷에 광고를 한다. (광고를 한다 / 끌어들이기 위해–고객들을)

Companies put ads on the Internet _____ .

8 많은 친구들이 그의 결혼을 축하하기 위해 왔다. (왔다 / 축하하기 위해–그를–그의 결혼에 대해)

Many friends came _____ . (on his marriage)

Chapter

10

UNIT 33　v-ing: v하는 것, v하기

기초 어휘　주어진 단어의 뜻을 쓰세요. (v-ing를 'v하는 것, v하기'로 풀이할 것)

1 riding 명	**2** arguing 명	**3** suffering 명	**4** surfing 명	**5** camping 명
6 hanging 명	**7** growing 명	**8** decorating 명	**9** wasting 명	**10** climbing 명
11 regret 동	**12** avoid 동	**13** suggest 동	**14** dislike 동	**15** ocean 명
16 stage 명	**17** toothache 명	**18** motorcycle 명	**19** adventure 명	**20** fever 명

의미 **1** 타는 것 **2** 논쟁하는 것 **3** 겪는 것, 시달리는 것 **4** 파도타기 하는 것 **5** 캠핑[야영]하는 것 **6** 걸어 두는 것 **7** 기르는 것, 재배하는 것 **8** 장식하는 것 **9** 낭비하는 것 **10** 오르는 것 **11** 후회하다 **12** 피하다 **13** 제안하다 **14** 싫어하다 **15** 대양, 바다 **16** 무대 **17** 치통 **18** 오토바이 **19** 모험 **20** 열, 열병

A　enjoy v-ing

- v-ing는 현재의 일반적인 일, 과거의 일을 나타내는 동사와 잘 쓰여요.

enjoy/avoid/finish/stop/like/dislike/hate	**v-ing**
(즐기다/피하다/끝내다/중단하다/좋아하다/싫어하다/싫어하다)	**v하는[했던] 것을**

I enjoy **listening to classical music.**[1]　　즐긴다 / (평소에) 듣는 것을

I remember **seeing bears at the zoo.**[2]　　기억한다 / (전에) 본 것을

B　동사의 목적어

- 명사, 대명사가 동사의 목적어로 쓰인 경우와 같은 구조입니다.
- v-ing는 목적어 자리에 있어요. 명사 역할을 하는 것이죠. 이를 동명사라고 합니다.

I love **pop songs.**[3]　　　　　　　　　　사랑한다 / 팝송을 (목적어: 명사)

His songs sound beautiful. I love **them.**[4]　사랑한다 / 그것들을 (목적어: 대명사)

I love **singing pop songs.**[5]　　　　　　사랑한다 / 팝송을 부르는 것을 (목적어: v-ing)

C　[v-ing ...] 덩어리

- v-ing가 이끄는 말 전체를 하나의 덩어리로 보세요. 전체가 하나의 명사처럼 쓰여요.

v: v하다	v-ing: v하기, v하는 것	
listen to music	listening to music	음악을 듣는 것
see bears at the zoo	seeing bears at the zoo	동물원에서 곰을 봤던 것
sing pop songs	singing pop songs	팝송을 부르는 것
ride a motorcycle	riding a motorcycle	오토바이를 타는 것

예문역 [1]나는 클래식 음악 듣는 것을 즐긴다. [2]나는 동물원에서 곰을 봤던 것을 기억한다. [3]나는 팝송을 매우 좋아한다. [4]그의 노래는 아름답게 들린다. 나는 그것들을 매우 좋아한다. [5]나는 팝송을 부르는 것을 매우 좋아한다.

EXERCISE

▶ 정답과 해설 30쪽

 A   v-ing가 이끄는 어구를 찾아 밑줄로 표시하고, 그 의미를 쓰세요.

1   Andrew hates <u>walking to school</u>.   걸어서 학교에 가는 것(을)

2   It began to rain, so they stopped camping.   _____

3   I enjoy surfing in the ocean.   _____

4   He suggests eating pizza tonight.   _____

5   She loves singing on stage.   _____

6   She remembers suffering from a toothache.   _____

7   I dislike arguing with people.   _____

8   I regret telling him the truth.   _____

9   I forgot hanging my coat on the hook.   _____

10   In Alaska, people enjoy eating deer.   _____

B   v-ing와 주어진 말을 사용하여 문장을 완성하세요.

1   Olivia _____.
          (finished, write her report)

2   My father _____ last year.
          (grow corn, started)

3   My mother _____.
          (hates, early, wake up)

4   Rachel _____.
          (play with her pet duck, loves)

5   I _____ in my pocket.
          (put the money, remember)

6   She _____.
          (fast food, avoids, eat)

7   We _____.
          (the soccer match, win, celebrated)

8   She _____ for the party.
          (began, the room, decorate)

VOCAB   truth 사실   hook 고리, 걸이   deer 사슴   report 보고서   corn 옥수수, 곡물   duck 오리   celebrate 축하하다   decorate 장식하다

Chapter **10**

Do It Yourself

C v-ing를 사용하여 주어진 우리말에 맞게 영문을 완성하세요. (기초 어휘)의 단어를 참고할 것)

1 내 고양이는 햇빛 아래에서 자는 것을 즐긴다.
   My cat _____ in the sun.

2 그녀는 저녁 식사 후에 간식 먹는 것을 좋아한다.
   She _____ after dinner. (snacks)

3 학생들은 교실을 청소하는 것을 끝냈다.
   The students _____.

4 그는 젊었을 때 시간을 낭비했던 것을 후회한다.
   He _____ when he was young.

5 그녀는 이탈리아 식당에 가는 것을 제안했다.
   She suggested _____. (an Italian restaurant)

6 내 아이들은 그 산을 같이 등반했던 것을 기억하고 있다.
   My children _____.

7 그는 그의 친구들과 언쟁하는 것을 싫어한다.
   _____. (dislike)

8 Jack은 모험담을 읽는 것을 아주 좋아한다.
   Jack _____. (adventure stories)

9 너는 열병을 앓았던 것을 기억하니?
   Do you remember _____? (a fever)

10 William은 여가 시간에 오토바이 타는 것을 즐긴다.
   William _____. (free time)

UNIT 34　v-ing: v하고 있는, v하는

기초 어휘　진행의 의미를 반영하여 주어진 단어의 뜻을 쓰세요.

1 flying	2 running	3 smiling	4 jumping	5 falling
6 barking	7 sleeping	8 cleaning	9 shopping	10 dancing
11 crying	12 singing	13 swimming	14 driving	15 growing
16 burning	17 boiling	18 playing	19 talking	20 throwing

> **의미**　1 날고 있는　2 뛰고 있는　3 웃고 있는　4 뛰어오르고 있는　5 떨어지고 있는　6 짖고 있는　7 자고 있는　8 청소하고 있는
> 9 쇼핑하고 있는　10 춤추고 있는　11 울고 있는　12 노래하고 있는　13 수영하고 있는　14 운전하고 있는　15 커지는, 기르고 있는
> 16 타고 있는, 태우고 있는　17 끓고 있는, 끓이고 있는　18 놀고 있는　19 말하고 있는　20 던지고 있는

a sleeping baby

• v-ing는 명사를 꾸며주는 형용사 역할을 하며, 진행의 의미를 나타내요. 이를 현재분사라고 합니다.

　v-ing: v하고 있는, v하는

a **sleeping** baby	자고 있는 아기
a **flying** bird	날고 있는 새
a **barking** dog	짖고 있는 개
dancing bears	춤추고 있는 곰들

• v-ing 뒤에 다른 말이 붙어 길어지면 주로 명사의 뒤에서 꾸며줍니다.

a baby **sleeping in his bed**	아기 / 침대에서 자고 있는
birds **flying in the sky**	새들 / 하늘을 날고 있는
a dog **barking loudly**	개 / 시끄럽게 짖고 있는
bears **dancing in the circus**	곰들 / 서커스에서 춤추고 있는

의미 구분

• [v-ing ...] 덩어리를 의미가 여러 개인 하나의 단어로 보면 이해가 쉬워요.

• 일단 가장 기본이 되는 의미 두 가지를 기억하고 문맥에서 구분하는 연습을 하세요.

　① v하는 것, v하기　② v하고 있는, v하는

v-ing	① v하는 것	② v하고 있는
sleeping	자는 것	자고 있는
flying	나는 것	날고 있는
barking	짖는 것	짖고 있는
dancing	춤추는 것	춤추고 있는

Chapter

10

EXERCISE

▶ 정답과 해설 31쪽

 A v-ing를 사용하여 영어 표현을 만드세요.

1   girls (dance)   dancing girls

2   people (dance to the music)

3   a baby (cry)

4   a baby (cry for milk)

5   birds (fly)

6   birds (fly in the sky)

7   a girl (smile)

8   a girl (smile at me)

9   husbands (shop)

10   people (shop in a mall)

11   snow (fall)

12   snow (fall from the sky)

B 밑줄 친 부분을 우리말로 옮기세요.

1   We saw a <u>singing dog</u> on the Internet.   노래하는 개

2   The <u>crying baby</u> woke us up.

3   Look at the <u>falling leaves</u>!

4   Give that <u>barking dog</u> a bone!

5   Everyone ran out of the <u>burning house</u>.

6   The boys <u>jumping on the bed</u> are my brothers.

7   The man <u>cleaning the window</u> is my father.

8   The woman <u>shopping in that shop</u> is my teacher.

9   People <u>riding motorcycles</u> must wear a helmet.

10   Look at the dog <u>running after the cat</u>.

11   There are many children <u>playing in the park</u>.

12   The boy <u>throwing the ball</u> is my son.

VOCAB wake ... up …를 깨우다   bone 뼈   must …해야만 하다   run after 뒤쫓다

Do It Yourself

C v-ing를 사용하여 주어진 우리말에 맞게 영문을 완성하세요. (기초 어휘)의 단어를 참고할 것)

1 저 끓는 물을 조심해라.
Be careful of that _____.

2 나는 주전자에 끓고 있는 물을 깜빡 잊었다!
I forgot about _____! (in the kettle)

3 Jessica와 말하고 있는 여자아이가 누구니?
Who is _____?

4 나는 내 딸에게 말하는 인형을 사 주었다.
I bought my daughter a _____.

5 누구나 미소 짓는 얼굴을 사랑한다.
Everyone loves a _____. (face)

6 나를 향해 미소 짓고 있는 저 남자아이는 내 사촌이야.
_____ is my cousin.

7 지구 온난화는 점점 커지는(심각해져 가는) 문제이다.
Global warming is a _____. (problem)

8 쌀을 재배하고 있는 저 농부들을 보아라.
Look at those _____.

9 우리는 그 호수에서 헤엄치고 있는 오리들의 사진을 찍었다.
We took photos of the _____. (ducks)

10 학교 근처(가까이)에서 운전하는 사람들은 속도를 줄여야 한다.
_____ should slow down.

Chapter

10

▶ 정답과 해설 31쪽

Do It Yourself

A 다음 단어의 뜻을 쓰세요.

1	reach	_____	2	ad	_____
3	decide	_____	4	pain	_____
5	park⑧	_____	6	product	_____
7	communicate	_____	8	attract	_____
9	gift	_____	10	customer	_____
11	space	_____	12	dislike	_____
13	spaceship	_____	14	regret	_____
15	stage	_____	16	avoid	_____
17	foreign	_____	18	adventure	_____
19	support	_____	20	suggest	_____
21	apologize	_____	22	ocean	_____
23	reduce	_____	24	earn	_____
25	attention	_____			

B 다음 어구가 나타낼 수 있는 의미를 쓰세요. (본 단원에서 학습한 것으로 한정함)

1   to master English   영어를 완전히 숙달하는 것 / 숙달하기 위해

2   to become a writer   _____

3   to go up the mountain   _____

4   to travel to space   _____

5   to ride a bike   _____

6   to communicate by email   _____

7   to sell more products   _____

8   to reduce waste   _____

9   playing with a pet   _____

10 swimming in the pool   _____

11 suffering from a toothache _____

12 cleaning the classroom   _____

13 growing rice   _____

14 riding a motorcycle   _____

15 shopping in a mall   _____

C 다음 문장에서 밑줄 친 부분의 의미를 쓰세요.

1 We plan to go up the mountain.   그 산을 오를 것을 (계획하다)

2 I took medicine to reduce the pain of my toothache. _____

3 I hope to get married next year. _____

4 He started to think about his future. _____

5 Riding a motorcycle without a helmet is dangerous. _____

6 They decided to sell their apartment. _____

7 She jogs every day to lose weight. _____

8 They expect to master English in a year. _____

9 My parents are saving money to buy a house. _____

10 I wrote Mia a letter to congratulate her on her marriage. _____

11 I hate listening to loud music. _____

12 Look at the barking dogs. _____

13 My father stopped growing rice last year. _____

14 He bought a talking doll yesterday. _____

15 I dislike eating snacks after dinner. _____

16 He suggested jogging in the park. _____

17 I remember surfing in the ocean last year. _____

18 The boy cleaning the window is my son. _____

19 Who are the children playing in the park? _____

20 He regrets spending so much money when he was rich. _____

준동사 쉽게 보기

동사의 파생어로 본다

용법을 따져 가며 준동사를 공부하는 것은 매우 복잡합니다. 이보다는 단순히 하나의 단어로 보는 것이 효과적이에요. 준동사인 to-v, v-ing, v-ed를 동사(v)에서 나온 파생어처럼 생각하고 형태와 의미를 익히세요. 우선 기초적인 것들만 합니다. (v-ed는 [표준편]에서 다룸)

v: v하다	to-v: (명) v하기[v하는 것] (부) v하기 위해	v-ing: (명) v하기[v하는 것] (형) v하고 있는[하는]
1. use	to use	using
2. cook	to cook	cooking
3. play	to play	playing
4. enjoy	to enjoy	enjoying
5. boil	to boil	boiling
6. visit	to visit	visiting
7. make	to make	making
8. build	to build	building
9. grow	to grow	growing
10. catch	to catch	catching
11. write	to write	writing
12. sell	to sell	selling
	1. 사용하기[사용하는 것], 사용하기 위해 2. 요리하기[요리하는 것], 요리하기 위해 3. 놀기[노는 것], 놀기 위해 4. 즐기기[즐기는 것], 즐기기 위해 5. 끓이기[끓이는 것], 끓이기 위해 6. 방문하기[방문하는 것], 방문하기 위해 7. 만들기[만드는 것], 만들기 위해 8. 짓기[짓는 것], 짓기 위해 9. 기르기[기르는 것], 기르기 위해 10. 잡기[잡는 것], 잡기 위해 11. 쓰기[쓰는 것], 쓰기 위해 12. 팔기[파는 것], 팔기 위해	사용하기[사용하는 것], 사용하고 있는[사용하는] 요리하기[요리하는 것], 요리하고 있는[요리하는] 놀기[노는 것], 놀고 있는[노는] 즐기기[즐기는 것], 즐기고 있는[즐기는] 끓이기[끓이는 것], 끓고 있는[끓는] 방문하기[방문하는 것], 방문하고 있는[방문하는] 만들기[만드는 것], 만들고 있는[만드는] 짓기[짓는 것], 짓고 있는[짓는] 기르기[기르는 것], 기르고 있는[기르는] 잡기[잡는 것], 잡고 있는[잡는] 쓰기[쓰는 것], 쓰고 있는[쓰는] 팔기[파는 것], 팔고 있는[파는]

SPECIAL

CHAPTER

문장의 연결

지금까지 문장을 만드는 기초적인 문법을 배웠습니다.
이제 문장들을 이어서 더 긴 문장을 만들어 볼까요?

영어에서는 문장과 문장을 이어주는 말들이 있어요.
이어주는 말이라고 해서 **접속사**라고 부릅니다.
이어주는 말인 접속사는 형태와 의미가 단순해서 쉽게 사용할 수 있습니다.

다음의 원리 하나만 기억하면 돼요.

주어+동사 … 접속사 주어+동사 … 접속사 주어+동사 …

이 간단한 원리로 긴 문장도 쉽게 만들 수 있습니다.

UNIT 35 주어, 동사+접속사+주어, 동사

A 기본 단위는 주어, 동사

- 문장의 기본 단위는 주어, 동사예요.
- 문장과 문장이 연결되어 더 긴 문장이 됩니다.
- 문장과 문장을 연결하는 말을 접속사라고 해요.

I was very tired.[1]   주어, 동사 …
I went home early.[2]   주어, 동사 …
I cried.[3]   주어, 동사 …
I watched the movie.[4]   주어, 동사 …

I was very tired **and** (I) went home early.[5]   ★주어, 동사 … and 주어, 동사 …
I cried **when** I watched the movie.[6]   ★주어, 동사 … when 주어, 동사 …

- 문장이 다른 문장과 접속사로 연결되어 더 큰 문장의 일부가 되었을 때, 이를 각각 절(clause)이라고 해요.

I was very tired **and** (I) went home early.
　절　　　　　　　　　　　절
I cried **when** I watched the movie.
　절　　　　　　　절

B 주어, 동사 판단

- 긴 문장의 정확한 이해를 위해서는 각 절의 주어, 동사가 무엇인지를 확인해야 합니다.
- 문장을 쓸 때도 각 절의 주어, 동사를 먼저 쓰면 전체를 쉽게 쓸 수 있어요.

He asked questions, **and** I answered them.[7]
He is old, **but** he is very strong.[8]

He is tall **and** wears glasses.[9]   ★and, but 뒤에서 같은 주어는 생략할 수 있음
I go to sleep late **but** get up early.[10]

Mozart wrote music **when** he was only five.[11]
I want to travel around the world **before** I die.[12]

예문역 [1]나는 매우 피곤했다. [2]나는 집에 일찍 갔다. [3]나는 울었다. [4]나는 그 영화를 봤다. [5]나는 매우 피곤해서 집에 일찍 갔다. [6]나는 그 영화를 볼 때 울었다. [7]그가 질문을 했고 나는 그것들에 답했다. [8]그는 나이가 많으나 매우 강하다. [9]그는 키가 크고 안경을 쓴다. [10]나는 늦게 잠자리에 들지만 일찍 일어난다. [11]Mozart는 겨우 5살 때 음악을 작곡했다. [12]나는 죽기 전에 세계 일주 여행을 하고 싶다.

C 기초 접속사

I slept just an hour, **and** (I) went to work.¹³   그리고, 그러고 나서

Oranges are sweet, **but** lemons are sour.¹⁴   그러나

Fish is delicious **when** it is fried.¹⁵   …할 때

While I was sleeping, I had a strange dream.¹⁶   …하는 동안

I washed my hands **before** I ate dinner.¹⁷   …하기 전에

She felt tired **after** she walked for a long time.¹⁸   …한 후에

They watched TV **until** dinner was ready.¹⁹   …할 때까지

Alex didn't go to work **because** he was sick.²⁰   …해서, … 때문에

If you see Amy, give her this book.²¹   …하면

Although he is rich, he is not happy.²²   …이지만, …임에도 불구하고

• that은 동사 뒤에 쓰이며 '…라는 것, …라고' 정도의 의미를 나타내요.
(think/believe/know/say **that** … : …**라고** 생각하다/믿다/알다/말하다)

I think **that** you are wrong.²³   …라고, …라는 것

Indians believe **that** cows are special animals.²⁴   …라고, …라는 것

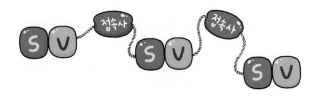

예문역 ¹³나는 단지 한 시간만 자고 출근했다. ¹⁴오렌지는 달콤하지만 레몬은 시다. ¹⁵생선은 튀겼을 때 맛있다. ¹⁶나는 자는 동안 이상한 꿈을 꿨다. ¹⁷나는 저녁을 먹기 전에 손을 씻었다. ¹⁸그녀는 오래 걸은 후에 피곤함을 느꼈다. ¹⁹그들은 저녁 식사가 준비될 때까지 TV를 봤다. ²⁰Alex는 아파서 출근하지 못했다. ²¹Amy를 보면 이 책을 그녀에게 줘라. ²²그는 부자임에도 불구하고 행복하지 않다. ²³나는 네가 틀렸다고 생각한다. ²⁴인도인들은 소가 특별한 동물이라고 믿는다.

SPECIAL CHAPTER 문장의 연결 **163**

EXERCISE

정답과 해설 32쪽

 다음 문장에서 접속사를 찾아 동그라미를 치고, 주어, 동사를 밑줄로 표시하세요.

1   He felt really tired after he climbed Halla Mountain.

2   I didn't know that you were a great lover of music.

3   I studied hard because I wanted to pass the exam.

4   If you need money, I can lend you some.

5   She knocked on the door and came in.

6   This laptop is cool, but it is expensive.

7   We waited until she finished her homework.

8   When it rains, we usually stay inside.

9   Alex was hit by a bike while he was crossing the street.

10 Although it was hot, she was wearing a jacket.

11 Mom always knocks on the door before she enters my room.

164 MY GRAMMAR COACH 기초편

B 주어진 우리말에 맞게 접속사, 주어, 동사를 써서 문장을 완성하세요.

1 나는 자전거에서 떨어져서 팔이 부러졌다. (나는 자전거에서 떨어졌다 / 그래서 팔이 부러졌다)
I fell off my bike _____ my arm.

2 나는 그의 이름을 알았으나 잊어버렸다. (나는 그의 이름을 알았다 / 그러나 그것을 잊어버렸다)
I knew his name, _____ it.

3 그와 나는 어렸을 때 친구였어.
He and I were friends _____ little kids.

4 Eva가 책을 읽는 동안 James는 TV를 보고 있었다.
_____, James was watching television.

5 그는 TV를 보기 전에 그의 숙제를 했다.
He did his homework _____.

6 나는 그 보고서를 끝낸 후에 잠자리에 들었다.
I went to sleep _____.

7 그 아이들은 그들의 부모님이 돌아오실 때까지 기다렸다.
The children waited _____. (come back)

8 그는 아팠기 때문에 결석했다.
He was absent _____. (sick)

9 네가 그에게 요청하면 그는 너를 도와줄 거야.
_____, he will help you.

10 그가 나를 사랑함에도 불구하고 나는 그를 좋아하지 않는다.
_____, I don't like him.

11 내 아버지는 내가 너무 열심히 공부하고 있다고 생각하신다.
My father thinks _____.

동사원형 (v하다)	과거 (v했다)	과거분사 (v된, 이미 v한)	know	knew	known
			lead	led	led
규칙			leave	left	left
help	helped	helped	lend	lent	lent
move	moved	moved	let	let	let
study	studied	studied	lie (눕다)	lay	lain
stop	stopped	stopped	lose	lost	lost
불규칙			make	made	made
become	became	become	meet	met	met
begin	began	begun	pay	paid	paid
blow	blew	blown	put	put	put
break	broke	broken	read	read[red]	read[red]
bring	brought	brought	ride	rode	ridden
build	built	built	ring	rang	rung
buy	bought	bought	rise	rose	risen
catch	caught	caught	run	ran	run
choose	chose	chosen	say	said	said
cost	cost	cost	see	saw	seen
cut	cut	cut	sell	sold	sold
do	did	done	send	sent	sent
draw	drew	drawn	set	set	set
drink	drank	drunk	shake	shook	shaken
drive	drove	driven	steal	stole	stolen
eat	ate	eaten	shoot	shot	shot
fall	fell	fallen	show	showed	shown
feed	fed	fed	shut	shut	shut
feel	felt	felt	sing	sang	sung
fight	fought	fought	sit	sat	sat
find	found	found	sleep	slept	slept
fly	flew	flown	speak	spoke	spoken
forget	forgot	forgotten	spend	spent	spent
freeze	froze	frozen	stand	stood	stood
get	got	got, gotten	swim	swam	swum
give	gave	given	take	took	taken
go	went	gone	teach	taught	taught
grow	grew	grown	tear	tore	torn
have	had	had	tell	told	told
hear	heard	heard	think	thought	thought
hide	hid	hidden	throw	threw	thrown
hit	hit	hit	understand	understood	understood
hold	held	held	wear	wore	worn
hurt	hurt	hurt	win	won	won
keep	kept	kept	write	wrote	written

memo

필독

중학 국어로 수능 잡기

✦ **필독** 중학 국어로 수능 잡기 시리즈

문학 ── 비문학 독해 ── 문법 ── 교과서 시 ── 교과서 소설

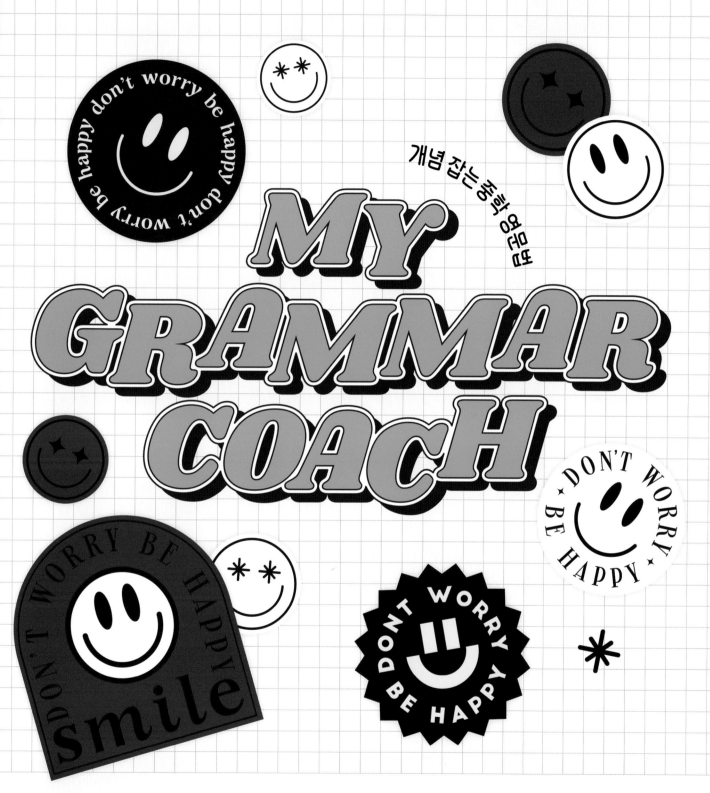

EBS

개념 잡는 중학 영문법

MY GRAMMAR COACH

DON'T WORRY BE HAPPY

DON'T WORRY BE HAPPY smile

DON'T WORRY DO BE HAPPY

정답과 해설

기초편

정답과 해설

UNIT 1 명사의 사용 1: 명사와 수

A

3 an animal, two animals   4 a cousin, two cousins

5 ×, ×   6 a picture, two pictures

7 ×, ×   8 ×, ×

9 a window, two windows

10 an umbrella, two umbrellas

11 an island, two islands   12 an office, two offices

13 ×, ×   14 a balloon, two balloons

15 an hour, two hours   16 ×, ×

17 ×, ×   18 an egg, two eggs

B

1 a 2 an 3 a 4 a 5 an 6 an 7 a 8 a 9 a
10 an

C

1 I have three cousins.
나는 사촌이 세 명이다.

2 Tom likes history.
Tom은 역사를 좋아한다.

3 Korea has many islands.
한국에는 많은 섬들이 있다.

4 A balloon has air in it.
풍선은 안에 공기가 있다.

5 Rice grows slowly.
쌀(벼)은 천천히 자란다.

6 Take an umbrella!
우산을 가져가라!

7 He goes to a university in Hong Kong.
그는 홍콩에 있는 한 대학에 다닌다.

8 Happiness comes from health.
행복은 건강으로부터 온다.

9 Animals cannot live without water.
동물은 물 없이 살 수 없다.

10 A picture says a thousand words.
그림 하나가 천 마디의 말을 한다.
(긴 설명보다 그림을 보여 주는 것이 더 낫다.)

D

2 Koreans eat rice.

3 I eat bread for lunch.

4 They moved to a new office.

5 Fish cannot live on land.

6 Nancy is out of danger.

7 An elephant is a big animal.

8 We learn history at school.

9 Many people enjoy nature in the mountains.

10 I take many pictures with my phone.

UNIT 2 명사의 사용 2: 수, 양에 주의할 명사

A

1 a. class / dish / watch / bus / house
   학급 / 접시 / 시계 / 버스 / 집
   b. buses / dishes / houses / classes
   버스들 / 접시들 / 집들 / 학급들

2 a. knife / wife / roof / leaf / life
   칼 / 아내 / 지붕 / 나뭇잎 / 삶, 생명
   b. lives / roofs / knives / wives / leaves
   생명들 / 지붕들 / 칼들 / 아내들 / 나뭇잎들

3 a. toy / country / company / baby / university
   장난감 / 나라 / 회사 / 아기 / 대학교
   b. babies / toys / companies / universities / countries
   아기들 / 장난감들 / 회사들 / 대학들 / 나라들

4 a. potato / tomato / piano / hero / photo
   감자 / 토마토 / 피아노 / 영웅 / 사진
   b. heroes / pianos / photos / tomatoes / potatoes
   영웅들 / 피아노들 / 사진들 / 토마토들 / 감자들

5 a. foot / mouse / tooth / woman / child / man
   발 / 쥐 / 치아 / 여자 / 아이 / 남자
   b. men / teeth / mice / feet / women / children
   남자들 / 치아들 / 쥐들 / 발들 / 여자들 / 아이들

B

1 gold 2 cheese 3 coffee 4 rice 5 bread

C

1 knives 칼들 2 feet 발들(양발) 3 people 사람들,
teeth 치아들 4 dishes 접시들 5 watches 시계들,
women 여자들 6 Cats 고양이들, roofs 지붕들 7 lives 목숨들
8 leaves 나뭇잎들 9 companies 회사들, cities 도시들
10 heroes 영웅들, parents 부모

1 그 칼들은 매우 날카롭다.

2 너의 발이 차다.

3 대부분의 사람들은 이가 32개다.

4 우리 아빠는 저녁 식사 후 설거지를 하신다.

5 이 시계들은 여성용이다.

6 고양이들은 밤에 지붕 위에 앉아 있는다.

7 그들의 목숨이 위험에 처해 있다.

8 이 나무의 잎들은 노랗다.

9 대도시에는 회사들이 많다.

10 내 영웅들은 내 부모님이다.

 D

1 We have four English classes a week.

2 Many African countries are poor.

3 Cats catch mice.

4 Send the photos by email.

5 Children like toys.

6 Doctors save lives.

7 Brush your teeth after each meal.

8 They love Korean dishes.

9 Leaves change color in fall.

10 I have a slice of bread and a glass of milk for lunch.

11 I want a cup of coffee.

12 The child wants a piece of pie.

13 I have three pairs of glasses.

14 I have only two pairs of pants.

UNIT 3 명사의 사용 3: the+명사

A

2 a bike / the bike by the car

3 a blackboard / the blackboard in my classroom

4 a stream / the stream by the mountain

5 a bottle / the bottle on the table

6 watches / the watches in the shop

7 leaves / the leaves on the street

8 bread / the bread in the basket

B

1 I have lunch at 12:30.
나는 12시 반에 점심을 먹는다.

2 I play basketball every day.
나는 매일 농구를 한다.

3 Mia can play the guitar.
Mia는 기타를 칠 수 있다.

4 I like science and English.
나는 과학과 영어를 좋아한다.

5 The moon moves around the earth.
달은 지구 주위를 돈다.

6 Birds fly in the sky. 새들은 하늘을 난다.

7 Information is power. 정보는 힘이다.
➡ information, power는 셀 수 없는 명사

8 The information in the newspaper is wrong!
그 신문에 난 그 정보는 틀렸다!
➡ 그 신문에 난 특정 정보이므로 the

9 The universe began with the Big Bang.
우주(은하계)가 빅뱅에 의해 시작되었다.

10 I have a cat. The cat loves fish.
나는 고양이를 기르고 있다. 그 고양이는 물고기를 아주 좋아한다.

11 People work hard for success.
사람들은 성공을 위해 열심히 일한다.

 C

1 Amy is good at mathematics.

2 The park has a stream.

3 The stream is cool in summer.

4 Matt lives in a small village.

5 The village is by the sea.

6 Give me the newspaper, please.

7 Look at the bridge over the river.

8 The flag of our team is colorful.

9 The sun sends out heat.

10 The heat from the sun warms the earth.

11 The success of the plan is up to you.

UNIT 4 대명사

A

1 Tom, A boy, My grandfather, Mr. Kim, Peter

2 Sally, A woman, Ms. Lee, The girl, My sister, His mother

3 A computer, The dog, Health, Our bathroom, Sound

4 Tom and I, My mother and I

5 People, My dogs, The children, The men, Mary and Tom, The houses

Ⓑ

2 They are　**3** We are　**4** She is　**5** They are
6 They are　**7** It is　**8** They are　**9** They are
10 You are　**11** They are　**12** It is　**13** We are　**14** It is
15 They are

Ⓒ

2 She → He　**3** it is → they are　**5** He is → They are

6 It → He　**8** They are → It is　**10** We → They

1 Peter는 내 삼촌이다. 그는 소방관이다.

2 그녀의 삼촌은 화가이다. 그는 매우 유명하다.

3 나는 소고기와 생선을 좋아하지만 그것들은 너무 비싸다.

4 나의 치과 의사는 여자이다. 그녀는 매우 친절하다.

5 그의 조부모님은 편찮으시다. 그들은 병원에 계신다.

6 그 상점 점원은 내 오빠이다. 그는 열심히 일한다.

7 소리는 매우 빠르다. 그것은 한 시간에 1,000킬로미터 이상 이동한다.

8 우리는 고기를 매일 먹는다. 그것은 맛있다.

9 Barry와 나는 가장 친한 친구이다. 우리는 학교에 같이 다닌다.

10 Mike는 미국인이다. Sally는 캐나다인이다. 그들은 외국인들이다.

Ⓓ

1 insects, They　**2** We are artists　**3** are twins, We
4 You are best friends　**5** lights, They are　**6** light, It
7 salt, sugar, They are　**8** Many foreigners, It is

REVIEW TEST

Ⓐ

1 사촌　**2** 개울　**3** 빵　**4** 마을　**5** 고기　**6** 정보　**7** 대학교
8 지구　**9** 건강　**10** 과학　**11** 역사　**12** 아침 식사　**13** 자연
14 곤충　**15** 다리　**16** 바구니　**17** 이, 치아　**18** 병　**19** 시계
20 음악가　**21** 회사　**22** 예술가　**23** (나뭇)잎　**24** 치과 의사
25 칼　**26** 점원　**27** 안경　**28** 외국인　**29** 기, 깃발　**30** 채소

Ⓑ

1 an　**2** ×　**3** a　**4** the　**5** ×　**6** an　**7** an　**8** the
9 a　**10** ×　**11** ×, ×

1 나는 계란을 하나 가지고 있다.

2 나는 아침을 7시에 먹는다.

3 내 엄마는 간호사이다.

4 그녀는 차를 가지고 있다. 그녀는 그 차를 매일 닦는다.

5 그들은 아침마다 빵을 먹는다.

6 비가 오고 있다. 너는 우산이 필요하다.

7 나는 매일 영어를 한 시간씩 공부한다.

8 새들은 하늘을 난다.

9 나는 서울에 있는 한 대학교에 다닌다.

10 건강이 인생에서 가장 중요하다.

11 나는 영어를 좋아하지만, 역사를 좋아하지 않는다.

Ⓒ

1 She　**2** It　**3** They　**4** He　**5** They　**6** We　**7** It　**8** She
9 It　**10** They　**11** You　**12** He

1 Mary는 나의 여동생이다. 그녀는 가수이다.

2 나는 과학을 좋아한다. 그것은 재미있다.

3 개미들은 열심히 일한다. 그것들은 항상 바쁘다.

4 그녀의 오빠는 예술가이다. 그는 매우 유명하다.
　　➡ brother임. Her를 보고 여자로 착각하지 말 것

5 나는 채소들을 매일 먹는다. 그것들은 내 건강에 좋다.
　　➡ vegetable은 셀 수 있는 명사

6 나의 여동생과 나는 쌍둥이다. 우리는 항상 같이 논다.
　　➡ 나를 포함한 2인 이상은 We

7 나는 앵무새 한 마리를 기른다. 그것은 영어를 할 수 있다.
　　➡ 동물 한 마리는 It

8 그의 어머니는 아프시다. 그녀는 입원해 계신다.
　　➡ mother임. His를 보고 남자로 착각하지 말 것

9 소금을 너무 많이 먹지 마라. 그것은 건강에 나쁘다.
　　➡ 셀 수 없는 명사는 단수 취급. It으로 받음

10 내 조부모님(할아버지, 할머니)은 영어를 공부하신다. 그들은 열심히 공부하신다.

11 너는 미국인이야. Jim은 캐나다인이야. 너희들은 외국인이야.
　　➡ 상대방이 포함된 2인 이상은 You

12 나는 그 점원을 알아. 그는 내 친구인 Mark야.
　　➡ 뒤에 남자 이름이 나오는 것을 확인할 것

Ⓓ

1 Air → The air　**2** a meat → meat　**3** a music → music　**4** tooths → teeth　**5** two waters → two glasses of water　**6** leafs → leaves　**7** a drop of pizza → a piece of pizza　**8** five shoes → five pairs of shoes

1 이 도시의 공기는 깨끗하다.
　　➡ 이 도시의 공기는 특정한 것이므로 the 필요

2 그 아이들은 고기를 아주 좋아한다.
　　➡ meat는 셀 수 없는 명사

3 내 여동생은 음악을 좋아하지만, 나는 스포츠를 좋아한다.

➡ music은 셀 수 없는 명사

4 그녀의 이가 하얗다.

5 나는 아침마다 물 두 컵을 마신다.

6 그 나무의 빨간 잎들이 아름답다.

7 나는 점심으로 피자 한 조각을 먹었다.

8 내 여동생은 신발이 다섯 켤레 있다.

➡ 짝으로 이루어진 것을 세는 단위는 pair

 CHAPTER 2 동사, 형용사, 부사

 UNIT 5 동사

A

1 busy **2** health **3** good **4** hot **5** beautiful

B

1 My brother is tall.
내 형은 키가 크다.

2 We are very hungry now.
우리는 지금 아주 배가 고프다.

3 My first class starts at 8 a.m.
내 첫 수업은 오전 8시에 시작한다.

4 My last class ends at 5 p.m.
내 마지막 수업은 오후 5시에 끝난다.

5 The sun shines in the sky.
태양이 하늘에서 빛난다.

6 Our bodies need food and water.
우리 몸은 음식과 물을 필요로 한다.

7 My brother cleans his room every day.
내 남동생은 매일 그의 방을 청소한다.

8 My uncle catches lots of fish in this river.
내 삼촌은 이 강에서 많은 물고기를 잡는다.

9 Men wear skirts in some countries.
몇몇 나라에서는 남자들이 치마를 입는다.

10 You always complain about food.
너는 항상 음식에 대해 불평한다.

11 My grandparents hate life in the city.
내 조부모님은 도시 생활을 싫어하신다.

12 I enjoy learning math. It is interesting.
나는 수학을 배우는 것을 즐긴다. 그것은 재미있다.

13 I lie on my back when I sleep.
나는 잘 때 (바닥에 등을 대고) 반듯이 누워 잔다.

➡ 문장을 연결하는 말(접속사)이 있으면 주어, 동사가 다시 나옴

14 Banks open at 9:00 a.m. and (they) close at 4:00 p.m.
은행은 오전 9시에 문을 열고 오후 4시에 문을 닫는다.

➡ 문장을 연결하는 말(접속사)이 있으면 주어, 동사가 다시 나옴

C

1 Andrew happy → Andrew is happy

➡ 동사가 없음. 이다/행복한

2 shoes dirty → shoes are dirty

➡ 동사가 없음. 이다/더러운

3 am have → have

➡ 동사가 두 개. '가지고 있다'이므로 have

4 is teaches → teaches

➡ 동사가 두 개. '가르친다'이므로 teaches

5 are own → own

➡ 동사가 두 개. '소유한다'이므로 own

6 They very good → They are very good

➡ 동사가 없음. 이다/매우 좋은

7 money save → save money

➡ 동사가 주어 뒤에 옴

- -

1 Andrew는 새 학교에서 행복하다.

2 너의 신발은 더럽다.

3 나는 형이 두 명 있다.

4 그녀는 영어를 가르친다.

5 내 부모님이 이 건물을 소유하고 있다.

6 그들은 아주 좋은 친구들이다.

7 그들은 미래를 위해 돈을 모은다.

D

1 need **2** catches **3** shine **4** do **5** save, save
6 ends **7** wear **8** believe, lie **9** grow **10** teaches
11 owns[has] **12** lies, sleeps

 UNIT 6 형용사

A

1 a. overweight b. thin **2** a. empty b. full **3** a. careful
b. careless **4** a. narrow b. wide **5** a. noisy b. quiet
6 a. right b. wrong

B

1 Air is light. 공기는 가볍다 (이다/가벼운).

2 The wind is <u>strong</u> in spring.
봄에는 바람이 강하다(이다 / 강한).

3 My legs feel <u>weak</u>.
내 다리에 힘이 없다.

4 She is a <u>kind</u> woman.
그녀는 친절한 여자이다.

5 She wears a <u>red</u> hat all the time.
그녀는 항상 빨간 모자를 쓴다.

6 Smoking is <u>bad</u> for your health.
흡연은 너의 건강에 나쁘다(이다 / 나쁜).

7 <u>Hungry</u> tigers are <u>dangerous</u>.
배고픈 호랑이는 위험하다(이다 / 위험한).

8 His bag is too <u>heavy</u>.
그의 가방은 너무 무겁다(이다 / 무거운).

C

2 safe, is safe   **3** dangerous, is dangerous

4 light, are light   **5** healthy, are healthy

6 hard[difficult], are hard[difficult]

7 thin, is thin

D

1	are right	**2**	is wrong
3	are healthy	**4**	is full
5	safe car	**6**	careful driver
7	is careless	**8**	is noisy
9	are thin	**10**	weak heart

UNIT 7 부사

A

1 You speak English <u>well</u>.
너는 영어를 잘 말한다.

2 See you <u>soon</u>.
곧 보자.

3 The basketball players are <u>really</u> tall.
그 농구 선수들은 정말 키가 크다.

4 Our classroom is <u>too</u> noisy.
우리 교실은 너무 시끄럽다.

5 We <u>usually</u> go to school by bus.
우리는 보통 버스를 타고 학교에 간다.

6 My teacher <u>always</u> speaks <u>quietly</u>.
우리 선생님은 항상 조용히 말씀하신다.

7 He <u>often</u> comes to class <u>late</u>.
그는 종종 수업에 늦게 온다.

8 We study <u>hard</u> for the final exam.
우리는 기말고사를 대비해 열심히 공부한다.

B

1 a. carefully   b. careful   **2** a. quiet   b. quietly   **3** a. soft
b. softly   **4** a. safe   b. safely   **5** a. easily   b. easy
6 a. noisy   b. noisily

---

1 a. 내 말을 주의 깊게 들어라.
    b. 나는 주의 깊은(신중한) 사람이다.

2 a. 우리 교실은 조용하다(이다 / 조용한).
    b. 우리는 도서관에서 조용히 말한다.

3 a. 이 아이스크림은 아주 부드럽다(이다 / 부드러운).
    b. 눈이 부드럽게(살며시) 내린다.

4 a. 그 물은 마시기에 안전하다(이다 / 안전한).
    b. 내 어머니는 차를 안전하게 운전하신다.

5 a. Matthew는 홈런을 쉽게 친다.
    b. 저것은 쉬운 문제이다.

6 a. 그 소년들은 매우 시끄럽다(이다 / 시끄러운).
    b. Ryan은 음식을 시끄럽게 먹는다.

C

1 pretty   **2** early   **3** pretty   **4** fast   **5** late   **6** hard
7 late   **8** fast   **9** early   **10** hard

---

1 그녀는 예쁜 미소를 가졌다.

2 그는 일찍 일어나는 사람이다. 그는 6시에 일어난다.

3 바람이 꽤 강하다.

4 이 차는 빨리 간다.

5 3시다. 늦은 점심을 먹자.

6 Angela와 Jim은 성적이 'A'인 학생들이다. 그들은 열심히 공부한다.

7 내 아버지는 제시간에 일어나지 않으신다. 그는 늘 직장에 늦게 가신다.

8 이것은 빠른 자동차이다. 한 시간에 100마일을 간다.

9 우리는 학교에 일찍 간다. 첫 수업이 7시에 시작한다.

10 이 책은 내게 너무 어렵다(이다 / 어려운). 나는 그것을 이해할 수가 없다.

D

1	are really tall	**2**	always, late
3	too long	**4**	drives carelessly
5	is pretty good	**6**	often play dangerously

REVIEW TEST

A

1 기억하다 **2** 조용한 **3** 입다 **4** 무거운 **5** 잡다 **6** 아픈
7 미워하다 **8** 좁은 **9** 즐기다 **10** 위험한 **11** 가르치다
12 빈, 비어 있는 **13** 자라다, 기르다 **14** 부주의하게
15 거짓말하다, 눕다 **16** 어려운, 열심히 **17** 필요로 하다
18 늦은, 늦게 **19** 불평하다 **20** 약한 **21** 시끄러운
22 종종, 자주 **23** 조심스러운 **24** 잘 **25** 얇은, 마른 **26** 곧,
바로 **27** 부주의한 **28** 항상 **29** 안전한 **30** 보통, 평소에

B

1 b **2** d **3** a **4** d **5** c **6** a **7** d **8** b **9** c **10** a

C

1 are have → have

2 is gets up → gets up

3 English study → study English

4 very fat → is very fat

5 desk empty → desk are empty

6 his room cleans → cleans his room

7 careful → carefully

8 often is late → is often late

9 difficult really → really difficult

10 good → well

11 well → good

12 helps always → always helps

---

1 그들은 숙제가 많다.
➡ 동사가 두 개. '가지고 있다'이므로 have

2 그는 아침에 일찍 일어난다.
➡ 동사가 두 개. '일어난다'이므로 gets up

3 그들은 영어를 열심히 공부한다.
➡ 동사가 주어 뒤에 와야 함

4 그의 개는 매우 살쪘다.
➡ 동사가 없음. 이다 / 매우 살찐

5 책상 위에 있는 상자들은 비어 있다.
➡ 동사가 없음. 이다 / 빈

6 내 남동생은 매일 그의 방을 청소한다.
➡ 동사가 주어 뒤에 와야 함

7 나는 밤에는 내 차를 조심스럽게 운전한다.
➡ 동사를 꾸며주므로 부사 (운전한다 / 조심스럽게)

8 내 아버지는 종종 직장에 지각하신다.
➡ 빈도부사는 be동사 뒤

9 나는 수학이 싫어. 그것은 정말 어려워.
➡ 부사 + 형용사

10 너는 영어를 꽤 잘한다.
➡ 부사를 써야 함 (말한다 / 꽤 잘)

11 너의 생각이 진짜 좋다.
➡ 형용사를 써야 함 (이다 / 매우 좋은)

12 Angela는 항상 그녀의 어머니를 돕는다.
➡ 빈도부사는 일반동사 앞

CHAPTER 3 be동사

UNIT 8 주어 + be + 명사 / 형용사

A

2 You are / were   **3** They are / were

4 I am / was   **5** It is / was

6 We are / were   **7** The car is / was

8 People are / were   **9** Andrew is / was

10 The cars are / were

11 Our school is / was

12 Mark and Jim are / were

13 Your shoes are / were

14 My parents are / were

B

1 아기들은 귀엽다.

2 He is an honest boy.
그는 정직한 소년이다.

3 I am excellent in English.
나는 영어를 아주 잘한다.

4 Two students are absent today.
두 학생이 오늘 결석이다.

5 Pets are good for children.
애완동물은 아이들에게 좋다.

6 Shoes at Shoe Surprise are cheap.
Shoe Surprise의 신발은 싸다.

7 Experience is important in teaching.
가르치는 데 있어 경험이 중요하다.

8 I was sick yesterday.
나는 어제 아팠다.

9 The clerk at the store was very polite.
그 상점 점원은 매우 공손했다.

10 We were classmates in elementary school.
우리는 초등학교 반 친구였다.

11 Last winter was really cold.
작년 겨울은 정말 추웠다.

12 Beth and Mike were good neighbors.
Beth와 Mike는 좋은 이웃이었다.

13 The monkeys at the zoo were funny.
동물원에 있는 원숭이들은 웃겼다.

14 The singer's voice was beautiful.
그 가수의 목소리는 아름다웠다.

C

1 is → are   **2** are → were   **3** were → was   **4** is → are
5 is → are   **6** is → are   **7** are → is   **8** was → were
9 is → was, is → was   **10** was → were

1 이 나라 사람들은 친절하다.
➡ people은 사람들. 복수

2 나의 부모님은 지난주에 바쁘셨다.
➡ last week이므로 과거

3 그는 어제 아주 화가 났었다.

4 그녀의 아이들은 정직하고 공손하다.

5 그의 다리는 길다.
➡ legs는 다리들. 복수

6 내 안경은 너무 오래됐다.
➡ 짝으로 이루어진 것은 복수

7 금은 비싸다.
➡ 셀 수 없는 명사는 단수 취급

8 옷들은 동대문 시장이 쌌다.
➡ clothes는 의류(여러 옷들). 복수

9 내 어머니는 젊었을 때 패션모델이셨다.
➡ 젊었을 때이므로 둘 다 과거

10 Brandon과 나는 어제 학교에 결석했다.
➡ Brandon과 I, 두 사람이므로 복수

D

1 Your voice is sweet.

2 Dogs are good pets.

3 Art is long, life is short.

4 Reporters are always busy.

5 Jimmy was an excellent reporter.

6 The artist's experience was interesting.

7 His clothes were dirty when he came home.

8 His arms are long, but his legs are short.

UNIT 9 be (…에 있다)

A

1 at home   **2** in the living room
3 on the table   **4** on the wall
5 over the hill   **6** by the river
7 under the bridge **8** near the lake
9 in the mountains **10** at the gym
11 near my office **12** on the floor
13 on the hill   **14** under the desk
15 over the mountain **16** at the bus stop

B

1 내 그림이 벽에 (걸려) 있다.

2 His house is near the hill.
그의 집은 언덕 근처에 있다.

3 I am at the subway station.
나는 지하철역에 있다.

4 The children are in the park.
그 아이들은 공원에 있다.

5 Your keys are under the bed.
너의 열쇠들은 침대 밑에 있다.

6 The gas station is by the road.
주유소는 길가에 있다.

7 I was in the hospital last week.
나는 지난주에 병원에 있었다. (입원해 있었다)

8 They were at the museum on Saturday.
그들은 토요일에 박물관에 있었다.

9 My puppies were on the grass.
내 강아지들이 잔디 위에 있었다.

10 We were in his garden.
우리는 그의 정원에 있었다.

11 His car was at the gate of the park.
그의 차는 공원 입구에 있었다.

C

1 am → are   **2** at the mall were → were at the mall
3 is → was   **4** are → were   **5** in the cafeteria was → were in the cafeteria   **6** was → were

1 내 언니와 나는 지금 해변에 있다. ➡ 두 사람이므로 복수

2 우리는 어제 저녁에 쇼핑센터에 있었다. ➡ 주어+동사

3 그의 차는 어젯밤에 차고에 있었다.
➡ last night이므로 과거

4 우리는 지난 주말에 해운대 바닷가에 있었다.

　➡ last weekend이므로 과거

5 그 학생들은 점심시간에 구내식당에 있었다.

　➡ 주어+동사, 복수

6 내 친구들과 나는 토요일에 놀이공원에 있었다.

　➡ My friends와 I이므로 복수

 D

1 The television is in the living room.

2 My house was on the hill.

3 My parents are at the mall now.

4 My friends were at the gym.

5 His old books were in the garage.

6 Their office is near a subway station.

7 He was in his garden enjoying the sunshine.

UNIT 10　There be ...

A

2 There is / was a bottle ...

3 There are / were two mirrors ...

4 There are / were many people ...

5 There is / was some bread ...

6 There is / was a lot of trash ...

7 There are / were socks ...

8 There are / were dirty clothes ...

9 There is / was little water ...

10 There are / were lots of mistakes ...

B

1 책상 위에 꽃병이 하나 있다.

2 There is a small dictionary in my backpack.
내 배낭에는 작은 사전이 있다.

3 There are many plants in the garden.
정원에 많은 식물들이 있다.

4 There is a playground in the park.
공원에 놀이터가 하나 있다.

5 There is a lot of noise on the street.
길에 소음이 많다.

6 There are many flowers near the lake.
호수 근처에 많은 꽃들이 있다.

7 There were many frogs in the lake.
호수에 많은 개구리들이 있었다.

8 There were candles on the birthday cake.
생일 케이크 위에 양초들이 있었다.

9 There was little noise in the factory.
공장에 소음이 거의 없었다.

10 There was a food festival in Jeonju.
전주에서 음식 축제가 있었다.

11 There was a beautiful rainbow over the mountain.
산 너머에 아름다운 무지개가 있었다.

12 There were many cars on the road.
길 위에 많은 차들이 있었다.

 C

1	is → are	**2**	are → is
4	was → were	**7**	is → are

1 너의 글에 많은 오류가 있다.

　➡ 주어가 many mistakes이므로 복수

2 캔 안에 주스가 많지 않다.

　➡ juice는 셀 수 없는 명사이므로 단수 취급

3 탁자 위에 양초 하나가 있었다.

4 하늘에 많은 별들이 있었다.

　➡ 주어가 lots of stars이므로 복수

5 공항에 많은 비행기들이 있었다.

6 3년 전에 이 호숫가에 숲이 있었다.

7 브라질에는 많은 댄스 축제들이 있다.

　➡ 주어가 a lot of dance festivals이므로 복수

 D

1 There is a small calendar on the desk.
There are some plants by the window.
There is a big mirror on the wall.
There are two backpacks under the desk.

　책상 위에 작은 달력이 있다.
　창가에 몇몇 식물이 있다.
　벽에 큰 거울이 있다.
　책상 아래에 배낭이 두 개 있다.

2 There are many pictures on the door.
There is a trash can by the door.
There is a lot of trash in the trash can.
There are socks on the table.

　문에 많은 그림들이 있다.
　문 옆에 쓰레기통이 있다.
　쓰레기통 속에 많은 쓰레기가 있다.
　탁자 위에 양말들이 있다.

REVIEW TEST

A

1 비싼 2 병원 3 반 친구 4 길, 도로 5 경험 6 역 7 이웃
8 박물관 9 목소리 10 쓰레기 11 뛰어난 12 호수 13 결석한
14 식물 15 차고 16 초, 양초 17 기자 18 꽃병 19 예의 바른
20 개구리 21 문, 입구 22 축제 23 싼 24 공장 25 벽 26 숲
27 언덕 28 소음 29 사전 30 놀이공원

B

1 My pet bird is really cute.
내 애완 새는 진짜 귀엽다.

2 Tony and Laura were good friends.
Tony와 Laura는 좋은 친구였다.

3 Last winter was very cold.
지난겨울은 매우 추웠다.

4 Her clothes are expensive.
그녀의 옷들은 비싸다.

5 We were at the gym this morning.
우리는 오늘 아침 체육관에 있었다.

6 They are at the amusement park.
그들은 놀이공원에 있다.

7 His photos were on the wall.
그의 사진들이 벽에 있었다.

8 There was a gas station by the road.
길가에 주유소가 있었다.

9 There were few fish in the river.
강에 물고기가 거의 없었다.

➡ fish는 단수, 복수의 형태가 같음. 여기에서는 복수로 쓰임

10 There was a butterfly festival in Hampyeong last month.
지난달에 함평에서 나비 축제가 있었다.

11 There is some bread on the table.
식탁 위에 빵이 좀 있다.

12 There are many animals in the zoo.
동물원에는 많은 동물들이 있다.

C

1	am → are	2	is → are
3	첫 번째 are → were	4	두 번째 was → is
5	is → are	6	is → are
7	am → was	8	is → are
9	are → is	10	is → was

1 Rob과 나는 좋은 친구이다.
➡ 주어가 두 사람이므로 복수

2 너와 너의 누나는 예의가 바르다.
➡ 주어가 두 사람이므로 복수

3 너의 신발이 오늘 아침에는 흰색이었는데, 지금은 갈색이다!
➡ 오늘 아침이 지났으므로 오늘 아침의 상태는 과거

4 Jenny가 작년에는 과체중이었는데, 지금은 말랐다.

5 내 신발이 너무 크다.
➡ 신발은 짝으로 이루어져 있으므로 복수

6 너의 옷이 더럽다.
➡ clothes(의류, 옷들)는 복수

7 나는 어젯밤에 도서관에 있었다.

8 꽃병에 아름다운 꽃들이 있다.

9 병에 사과 주스가 많이 있다.
➡ 사과가 아니고 사과 주스임. 셀 수 없는 명사이므로 단수 취급

10 어젯밤 파티에 음식이 거의 없었다.

CHAPTER 4 일반동사의 형태 마스터하기

UNIT 11 동사의 현재형

A

1 likes 2 like 3 have 4 has 5 watches 6 watch
7 uses 8 use 9 go 10 goes 11 cries 12 cry
13 does 14 do 15 stay 16 stays

B

1 begins 2 fly 3 kills 4 wastes 5 brushes
6 matches 7 protect 8 travels 9 watches
10 washes 11 talks 12 shares

1 영화는 오후 7시에 시작한다.

2 비행기는 하늘 높이 난다.

3 암은 매해 많은 사람들을 죽인다.

4 Eric은 너무 많은 시간을 게임에 낭비한다.

5 내 여동생은 잠자리에 들기 전에 이를 닦는다.

6 너의 재킷은 새 신발과 잘 어울린다.

7 모자는 햇빛으로부터 너를 보호한다.

8 그 바이러스는 공기를 통해 이동한다.

9 내 아버지는 집에 계실 때 TV를 보신다.

10 내 아버지는 일요일마다 세차하신다.

11 나는 Kevin을 좋아하지 않는다. 그는 말을 너무 많이 한다.

12 그녀는 방을 여동생과 함께 쓴다.

C

1 My last class finishes at 3 p.m.

2 He often stays in the classroom after school.

3 Time flies.

4 My brother acts like a girl.

5 Douglas worries about his grandmother's health.

6 They usually travel in first class.

7 My brother always uses my computer.

8 Angela cries easily.

9 My father does little housework.

10 He spends all his money on clothes.

11 Her sweater matches her pants.

12 All animal mothers protect their young.

13 Students waste too much paper.

14 Some people share a car with their neighbors.

UNIT 12 동사의 과거형: 규칙 변화

A

1 invited   2 stopped   3 played   4 cooked   5 studied
6 stayed   7 dropped   8 carried   9 cried   10 died
11 tried   12 tied

B

1 laughed   2 invited   3 arrived   4 tied   5 carried
6 invented   7 kicked   8 pulled   9 received
10 climbed   11 moved   12 agreed   13 joined
14 died   15 dropped

---

1 내 아버지는 내 농담에 웃으셨다.

2 Tina는 그녀의 생일 파티에 반 전체를 초대했다.

3 그들은 회의에 늦게 도착했다.

4 나는 내 개를 밧줄로 울타리에 묶었다.

5 내 고양이는 입으로 쥐를 날랐다.

6 세종대왕이 한글을 창제했다.

7 Thomas는 공중으로 공을 높이 찼다.

8 Nathan은 내 귀를 매우 세게 잡아당겼다.

9 나는 어제 이상한 이메일을 받았다.

10 우리 선생님은 작년에 에베레스트 산을 오르셨다.

11 우리는 작년에 서울에서 제주도로 이사했다.

12 모두가 나의 생각에 동의했다.

13 내 여동생은 학교에서 컴퓨터 동아리에 가입했다.

---

14 내 할머니는 5년 전에 돌아가셨다.

15 나는 물속에 휴대폰을 떨어뜨렸다.

C

1 She pushed the door hard to open it.

2 Alexander Graham Bell invented the telephone.

3 She tied a yellow ribbon in her hair.

4 We tried a French dish yesterday.

5 The baby cried all night.

6 He repeated his joke, but no one laughed.

7 A spider climbed the wall.

8 They tried [did] their best.

9 I received a cell phone for Christmas.

10 The student answered all the questions on the test.

UNIT 13 동사의 과거형: 불규칙 변화 1

A

1 went   2 made   3 kept   4 built   5 bought   6 told
7 cut   8 did   9 drove   10 sang   11 slept   12 spoke
13 drank   14 ate   15 felt   16 swam   17 took
18 wrote   19 found   20 got   21 gave   22 knew
23 grew   24 met   25 read   26 ran   27 saw
28 caught   29 wore   30 taught

B

1 ate   2 drank   3 wrote   4 told   5 swam   6 grew
7 sang   8 bought   9 taught   10 caught

---

1 우리는 오늘 점심으로 피자를 먹었다.

2 나는 어젯밤에 커피를 많이 마셨다.

3 내 삼촌은 내게 편지를 썼다.

4 나는 아버지에게 거짓말을 했다.

5 Daniel은 어제 한강을 가로질러 헤엄쳤다.

6 나는 작년에 5센티미터가 컸다.

7 그녀는 고운 목소리로 노래를 불렀다.

8 나는 이 차를 Green 씨에게서 샀다.

9 Arthur는 내게 수학과 과학을 가르쳤다.

10 내 아버지는 그 호수에서 큰 물고기를 잡으셨다.

C

1 I slept just two hours last night.

2 The police caught the thief.

3 The woman always wore black.

4 I met Anna at an amusement park.

5 My father drove to Busan yesterday.

6 Last week we saw tigers at the zoo.

7 The man spoke English fluently.

8 She knew his secret.

9 She kept his secret for 15 years.

10 When she told a joke, everyone laughed.

11 They grew vegetables in their garden.

12 I found my watch under the sofa.

13 We felt the shocks of the earthquake.

UNIT 14 동사의 과거형: 불규칙 변화 2

A

1 lost **2** rode **3** drew **4** left **5** blew **6** held
7 brought **8** stole **9** hit **10** fell **11** chose **12** won
13 threw **14** rang **15** led **16** stood **17** shook
18 broke **19** sold **20** flew

B

1 a. leaves b. left **2** a. brings b. brought **3** a. fall
b. fell **4** a. breaks b. broke **5** a. rings b. rang
6 a. hits b. hit

1 a. 내 아버지는 항상 7시에 일하러 나가신다.
  b. 나는 오늘 아침에 지하철에 가방을 두고 내렸다.

2 a. 그는 매주 내게 꽃을 가져다준다.
  b. 그는 어제 사무실에 아들을 데려왔다.

3 a. 나뭇잎들은 가을에 땅에 떨어진다.
  b. Jessica는 나무에서 떨어졌다.

4 a. 그 복사기는 항상 고장 난다.
  b. 화난 아이가 그의 장난감을 부쉈다.

5 a. 수업 5초 전에 벨이 울린다.
  b. 남자아이들이 초인종을 울리고 달아났다.

6 a. 내 남동생은 항상 나를 때린다.
  b. Peter는 어제 차로 버스를 들이받았다.

C

1 She held her baby in her arms.

2 We threw our hats into the air.

3 I chose a beautiful ring for you.

4 Patrick led everyone to the river.

5 The dinner cost 50 dollars per person!

6 A small child rode the elephant at the circus.

7 The team won the gold medal.

8 My father flew to Busan this morning.

9 He drew a tiger with colored pencils.

10 Our team lost the soccer match.

11 My father sold his old car.

12 The farmer shook the apple tree.

13 Julia blew out the candles on the cake.

14 Someone stole my sunglasses from the car.

REVIEW TEST

A

2 do / does / did

3 use / uses / used

4 wash / washes / washed

5 worry / worries / worried

6 stay / stays / stayed **7** die / dies / died

8 move / moves / moved

9 tie / ties / tied **10** carry / carries / carried

11 meet / meets / met **12** swim / swims / swam

13 see / sees / saw **14** sleep / sleeps / slept

15 buy / buys / bought **16** wear / wears / wore

17 catch / catches / caught

18 grow / grows / grew **19** teach / teaches / taught

20 find / finds / found **21** leave / leaves / left

22 bring / brings / brought

23 win / wins / won **24** ride / rides / rode

25 hold / holds / held **26** throw / throws / threw

27 blow / blows / blew

28 choose / chooses / chose

29 lose / loses / lost **30** break / breaks / broke

B

1 arrive → arrives **4** watch → watches

5 teaches → taught **8** love → loves

9 go → goes **10** growed → grew

11 drived → drove

1 그 버스는 날마다 늦게 온다.
  → 3인칭 단수 현재 -s

2 나는 어제 Angela로부터 이메일 한 통을 받았다.

3 Mark의 가족은 두 달 전에 캘리포니아로 이사 갔다.

4 내 어머니는 매일 아침 식사 후에 TV를 보신다.

➡ 3인칭 단수 현재 -s. watch는 -es

5 Jim은 작년에 한 중학교에서 역사를 가르쳤다.

➡ last year이므로 과거

6 나는 그 문을 밀어서 열었다.

7 Jeffrey와 Helen은 프랑스에 일주일간 머물렀다.

8 내 가족은 누구나 운동을 매우 좋아한다.

➡ 3인칭 단수 현재 -s. 'every ...'는 하나하나에 초점을 둔 표현으로 단수 취급

9 그녀는 보통 10시 이전에 잠자리에 든다.

➡ 3인칭 단수 현재 -s. go는 goes

10 그 아이는 작년에 6센티미터 자랐다.

➡ 불규칙 과거형

11 그는 어젯밤에 고속도로에서 차를 위험하게 몰았다.

➡ 불규칙 과거형

12 내 아버지는 지난 주말에 큰 물고기를 잡으셨다.

ⓒ

1 Matthew gets up at seven every morning.

2 We travel around the world every year.

3 Benjamin sometimes shares his lunch with me.

4 I bought a new car last month.

5 He spoke English in the meeting.

6 I climbed Baekdu Mountain last summer.

7 She always wears colorful clothes.

8 An old man carried heavy boxes on his back.

9 The children tried a new computer game.

10 William tied his bike to a tree.

CHAPTER 5 문장의 패턴

UNIT 15 주어＋동사

Ⓐ

1 내 개는 어젯밤에 많이 짖었다.

2 They chat on the Internet every day.
(그들은 / 채팅한다)
그들은 매일 인터넷상에서 채팅한다.

3 A cute baby smiled at me.
(귀여운 아기가 / 미소 지었다)
귀여운 아기가 내게 미소 지었다.

4 Emily's grandmother coughs a lot.
(Emily의 할머니는 / 기침을 하신다)
Emily의 할머니는 기침을 많이 하신다.

5 He hurried back to his home.
(그는 / 서둘러 갔다)
그는 집으로 서둘러 돌아갔다.

6 A boat appeared on the river.
(배 한 척이 / 나타났다)
배 한 척이 강에 나타났다.

7 Ice floated on the river.
(얼음이 / 떠다녔다)
얼음이 강 위에서 떠다녔다.

8 The students gathered in large groups.
(학생들이 / 모였다)
학생들이 큰 무리를 지어 모였다.

Ⓑ

1 Jack jumps really high.
Jack은 정말 높게 뛴다.

2 A car accident happened near my school.
차 사고가 내 학교 근처에서 일어났다.

3 She wakes up early every morning.
그녀는 매일 아침 일찍 깬다.

4 My parents never shout at me.
내 부모님은 절대 내게 소리를 지르지 않으신다.

5 My cat returned home three days later.
내 고양이는 3일 후에 집에 돌아왔다.

6 The couple relaxed by the pool.
그 부부는 수영장 옆에서 쉬었다.

7 Ice melts into water.
얼음은 녹아 물이 된다.

8 The plane disappeared over the mountain.
비행기가 산 너머로 사라졌다.

9 I graduated from elementary school last year.
나는 작년에 초등학교를 졸업했다.

10 The meeting continued until dinnertime.
회의는 저녁 식사 시간까지 계속되었다.

ⓒ

1 Snails move very slowly.

2 They always chat during class.

3 Andrew works at a bank.

4 My ice cream melted quickly.

5 The girl hurried to school.

6 The rain continued during the weekend.

7 A rainbow appeared after the rain.

8 The rainbow disappeared slowly in the clouds.

9 Emma's hairstyle changes every day.

10 Many people gather in the park on the weekends.

 UNIT 16 주어+동사+목적어

A

1 그 남자들은 숲속에서 토끼들을 사냥했다.

2 Justine [speaks four languages].
(말한다 / 네 개의 언어를)
Justine은 네 개의 언어를 말한다.

3 I [practice the piano] three hours a day.
(연습한다 / 피아노를)
나는 하루에 3시간 피아노를 연습한다.

4 You [missed the train] five times this week!
(놓쳤다 / 기차를)
너는 이번 주에 다섯 번 기차를 놓쳤다!

5 I [borrowed his textbook] for a day.
(빌렸다 / 그의 교과서를)
나는 하루 동안 그의 교과서를 빌렸다.

6 He always [counts calories] when he [eats food].
(계산한다 / 칼로리를)   (먹는다 / 음식을)
그는 음식을 먹을 때 항상 칼로리를 계산한다.

7 The hairdresser [dried my hair] with a towel.
(말렸다 / 내 머리카락을)
미용사는 내 머리카락을 타월로 말렸다.

8 They [do a lot of exercise] during the week.
(한다 / 많은 운동을)
그들은 주중에 많은 운동을 한다.

9 The people [formed a line] at the bank.
(만들었다(섰다) / 줄을)
그 사람들은 은행에서 줄을 섰다.

10 I [completed the test] in thirty minutes.
(끝냈다 / 시험을)
나는 30분 만에 시험을 끝냈다.

B

1 He keeps his promises all the time.
그는 항상 약속을 지킨다.

2 Olivia forgot my address.
Olivia는 내 주소를 잊어버렸다.

3 Ms. Kim guided the people up the mountain.
Kim 선생님이 사람들을 산 위로 안내했다.

4 The old lady baked cookies for the children.
그 노부인이 아이들을 위해 쿠키를 구웠다.

5 I ordered a hamburger for lunch.
나는 점심으로 햄버거를 주문했다.

6 Melissa decorated her room for her birthday party.
Melissa는 생일 파티를 위해 그녀의 방을 장식했다.

7 She follows advice from her friends.
그녀는 친구들로부터의 조언을 따른다.

8 I missed Korean food when I was in Australia.
나는 호주에 있을 때 한국 음식을 그리워했다.

9 The company introduced a new TV to the market.
그 회사는 새로운 TV를 시장에 출시(소개)했다.

10 The farmer dried red peppers in the sun.
그 농부는 고추를 햇빛에 말렸다.

C

1 I forgot your phone number.

2 The dancers formed a circle on the stage.

3 We ordered pizza for dinner.

4 My grandmother baked a cake for my birthday.

5 She decorated the cake with sugar flowers.

6 We borrowed money from the bank.

7 We returned the money in time.

8 Mark guided us to Central Park.

9 He introduced new ideas to his business.

10 Her smile melted his heart.

 UNIT 17 주어＋동사＋목적어＋목적어

A

1 George는 Sophia에게 그의 일기를 보여 주었다.

2 I [lent my sister some money].
빌려 주었다 / 내 여동생에게 돈을

3 I [bought my sister a fashion magazine].
사 주었다 / 내 여동생에게 패션 잡지를

4 My girlfriend [read me a poem].
읽어 주었다 / 나에게 한 편의 시를

5 The teacher [sent us an email].
보냈다 / 우리에게 이메일 한 통을

6 This coin [brings me good luck].
가져온다 / 나에게 행운을

7 I always [tell my parents the truth].
말한다 / 나의 부모님께 진실을

8 My boss [pays me ten dollars] an hour.
지불해 준다 / 나에게 10달러를

9 He [taught his children the importance of family].
가르쳤다 / 그의 자녀들에게 가족의 중요성을

10 Nancy [cooked me a delicious meal] last night.
요리해 주었다 / 나에게 맛있는 한끼를

B

1 The teacher gave us lots of homework.
선생님은 우리에게 많은 숙제를 내 주셨다.

2 The teacher showed us the results of the test.
선생님은 우리에게 시험 결과를 보여 주셨다.

3 That store sold her a broken camera.
저 가게는 그녀에게 고장 난 카메라를 팔았다.

4 My little sister showed them her dolls.
내 여동생은 그들에게 그녀의 인형을 보여 주었다.

5 This book shows us foreign cultures.
이 책은 우리에게 외국 문화를 보여 준다.

6 I bought Kevin a present for his birthday.
나는 Kevin에게 생일 선물을 사 주었다.

7 Jake teaches me funny English expressions.
Jake는 내게 재미있는 영어 표현들을 가르쳐 준다.

8 The math problem gave me some trouble.
그 수학 문제는 내게 골칫거리를 주었다. (골칫거리였다)

C

1 Emma bought him a cute doll.

2 Sarah wrote me a long letter last week.

3 He asked her lots of questions.

4 The baby gives them great pleasure.

5 The girl made her sister a teddy bear.

6 The teacher gave us a difficult task.

7 I sold Jack my car for $1,000.

8 Jessica sent me a red rose as a sign of love.

UNIT 18 주어 + [동사 + 보어] /
[동사 + 목적어 + 보어]

A

1 그 불쌍한 개는 배고파 보였다.

2 Do you sometimes [feel lonely]?
(느낀다 / 외로운)
너는 가끔 외로움을 느끼니?

3 The sky [turned cloudy] after lunch.
(변했다 / 구름 낀)

하늘이 점심 이후에 흐려졌다.

4 I [keep silent] during English class.
(있는다 / 조용한(말 없는))
나는 영어 시간 동안 조용히 있는다.

5 The weather [gets warm] in March.
(된다 / 따뜻한)
3월에 날씨가 따뜻해진다.

6 The young singer [became very famous].
(되었다 / 매우 유명한)
그 젊은 가수는 매우 유명해졌다.

7 The news of his death [made me sad].
(만들었다 / 나를 / 슬픈)
그가 죽었다는 소식은 나를 슬프게 만들었다.

8 We [found the movie wonderful].
(알았다 / 그 영화를 / 아주 좋은)
우리는 그 영화가 아주 좋다는 것을 알았다.

9 Robert always [leaves his room dirty].
(둔다 / 그의 방을 / 지저분한)
Robert는 항상 그의 방을 지저분하게 둔다.

10 Sunlight [keeps animals and plants alive].
(유지한다 / 동식물을 / 살아 있는)
햇빛은 동식물을 살아 있게 한다.

B

1 Your idea sounds stupid to me.
네 생각은 내게 어리석게 들린다.

2 My teacher got angry with me.
선생님께서는 내게 화를 내셨다.

3 The weather turned rainy suddenly.
갑자기 비가 오는 날씨가 되었다.

4 This new song sounds terrible!
이 새 노래는 형편없게 들린다!

5 The sudden rain made everyone wet.
갑작스런 비가 모든 사람들을 젖게 만들었다.

6 My father found our hamster dead.
내 아버지는 우리 햄스터가 죽어 있는 것을 발견하셨다.

7 Exercise keeps my grandparents active.
운동이 내 조부모님을 활동적이시게 한다.

8 I made my points clear in my report.
나는 보고서에서 내 의견을 분명히 했다.

C

1 His new songs sound great.

2 My mother feels happy when she sings.

3 He got tired after a long walk.

4 Cindy looks wonderful in her new dress.

5 Donald became[got] rich when he was young.

6 I felt thirsty after exercising.

7 His face turned red when he met Catherine.

8 His Christmas present made us happy.

9 He found the food very expensive.

10 Refrigerators keep vegetables fresh.

11 Rude people make me angry.

12 Don't leave the windows open when it rains.

REVIEW TEST

1 나타나다 **2** 약속 **3** (일이) 일어나다, 발생하다 **4** 진실 **5** 녹다, 녹이다 **6** 중요성 **7** 편히 쉬다 **8** 결과 **9** 계속하다, 계속되다
10 문화 **11** 뜨다, 떠다니다 **12** 목마른 **13** 소리치다 **14** 유명한
15 빌리다 **16** 형편없는, 끔찍한 **17** 완성하다, 끝내다 **18** 무례한
19 주문하다, 명령하다 **20** 따뜻한 **21** 꾸미다, 장식하다
22 조용한, 말 없는 **23** 빌려 주다 **24** 피곤한 **25** 보내다

B

1 show him the book **2** send her an email **3** buy my sister a doll **4** sell him my car **5** teach me math
6 feel thirsty **7** turn red **8** sound beautiful **9** look healthy **10** become famous **11** look stupid[foolish]
12 turn leaves brown **13** keep my body healthy
14 make him angry **15** find him rude

C

1 Kyle drove quickly to the airport.
Kyle은 공항으로 빠르게 차를 몰았다.

2 I sat on the bench for an hour.
나는 벤치에 한 시간 동안 앉아 있었다.

3 They usually do their homework together.
그들은 보통 숙제를 같이 한다.

4 She introduced her boyfriend to her mother.
그녀는 남자친구를 어머니에게 소개했다.

5 I borrowed some books from the library.
나는 책 몇 권을 도서관에서 빌렸다.

6 A boy threw a stone at me.
한 남자아이가 내게 돌을 던졌다.

7 I wrote my father a letter last week.
나는 지난주에 아버지에게 편지를 한 통 썼다.

8 Dylan showed his mother his report card.
Dylan은 어머니에게 성적표를 보여 주었다.

9 Mom made us delicious cookies.
엄마는 우리에게 맛있는 쿠키를 만들어 주셨다.

10 The boy in the snow looked very cold.
눈 속에 있는 소년은 매우 추워 보였다.

11 Her songs sounded beautiful.
그녀의 노래는 아름답게 들렸다.

12 Hard work made the workers tired.
힘든 업무는 근로자들을 피곤하게 만들었다.

13 I found my apartment door open when I came home.
나는 집에 왔을 때 아파트 문이 열려 있는 것을 발견했다.

14 The smell made us hungry.
그 냄새가 우리를 배고프게 만들었다.

CHAPTER 6 부정문, 의문문

UNIT 19 be동사의 부정문, 의문문

2 He is not[isn't] / He was not[wasn't]
Is he ...? / Was he ...?

3 It is not[isn't] / It was not[wasn't]
Is it ...? / Was it ...?

4 You are not[aren't] / You were not[weren't]
Are you ...? / Were you ...?

5 They are not[aren't] / They were not[weren't]
Are they ...? / Were they ...?

6 Sally is not[isn't] / Sally was not[wasn't]
Is Sally ...? / Was Sally ...?

7 Americans are not[aren't] / Americans were not[weren't]
Are Americans ...? / Were Americans ...?

8 The library is not[isn't] / The library was not[wasn't]
Is the library ...? / Was the library ...?

B

2 Mark is not[isn't] a lazy student. /
Is Mark a lazy student?
Mark는 게으른 학생이 아니다. / Mark는 게으른 학생이니?

3 This novel is not[isn't] interesting. /
Is this novel interesting?
이 소설은 재미있지 않다. / 이 소설은 재미있니?

4 The vegetables are not[aren't] fresh. /
Are the vegetables fresh?
그 채소들은 신선하지 않다. / 그 채소들은 신선하니?

5 His jokes were not[weren't] funny. /
Were his jokes funny?
그의 농담은 웃기지 않았다. / 그의 농담은 웃겼니?

6 This activity is not[isn't] really exciting. /
Is this activity really exciting?
이 활동은 정말 흥미롭지 않다. / 이 활동은 정말 흥미롭니?

7 His advice was not[wasn't] helpful. /
Was his advice helpful?
그의 조언은 도움이 되지 않았다. / 그의 조언은 도움이 되었니?

8 They were not[weren't] at the meeting. /
Were they at the meeting?
그들은 회의에 참석하지 않았다. / 그들은 회의에 참석했니?

C

2 Yes, they are. / No, they aren't.

3 Yes, he was. / No, he wasn't.
➡ your father: he

4 Yes, she was. / No, she wasn't.

5 Yes, I am. / No, I'm not.
➡ you로 물어보는 말의 응답은 I

6 Yes, it was. / No, it wasn't.
➡ the meal: it

7 Yes, I was. / No, I wasn't.

8 Yes, it is. / No, it isn't.
➡ this river: it

9 Yes, they are. / No, they aren't.
➡ cats: they

10 Yes, it was. / No, it wasn't.
➡ your trip to India: it

2 그들은 열심히 공부하는 학생들이니?
3 너의 아버지는 조종사셨니?
4 그녀는 어렸을 때 수줍음을 탔니?
5 너는 너의 선생님을 무서워하니?
6 식사는 맛있었니?
7 너는 학교에 지각했니?
8 이 강은 깊니?
9 고양이는 영리한 동물이니?
10 너의 인도 여행은 흥미로웠니?

D

1 Are you busy? — Yes, I am. / No, I'm not.

2 Was Nancy at the meeting yesterday?
— Yes, she was. / No, she wasn't.

3 Is the boy afraid of the dark?
— Yes, he is. / No, he isn't.

4 Are you shy around others?
— Yes, I am. / No, I'm not.

5 Are your parents happy with your grades?
— Yes, they are. / No, they aren't.
➡ your parents: they

6 Was her speech interesting?
— Yes, it was. / No, it wasn't.
➡ her speech: it

7 Is this activity exciting?
— Yes, it is. / No, it isn't.
➡ this activity: it

8 Are your classroom activities interesting?
— Yes, they are. / No, they aren't.
➡ your classroom activities: they

UNIT 20 일반동사의 부정문

A

2 She doesn't make / She didn't make

3 We don't like / We didn't like

4 They don't wear / They didn't wear

5 The children don't play / The children didn't play

6 Sally doesn't go / Sally didn't go

7 The buildings don't need / The buildings didn't need

8 Our classroom doesn't have / Our classroom didn't have

9 She doesn't do / She didn't do
➡ 앞의 do는 조동사, 뒤의 do는 본동사
3인칭 단수 현재 표시와 과거 표시는 조동사에 함

10 We don't do / We didn't do

B

1 Children don't catch colds easily.

2 I don't take medicine when I have a cold.

3 This meat doesn't look fresh.

4 She didn't eat snacks between meals.

5 She doesn't buy clothes at the department store.

6 He didn't have a happy childhood.

7 People in this country don't use chopsticks.

8 Sally didn't do the dishes after dinner.

1 아이들은 쉽게 감기에 걸리지 않는다.

2 나는 감기에 걸렸을 때 약을 먹지 않는다.

3 이 고기는 신선해 보이지 않는다.

4 그녀는 식사 사이에 간식을 먹지 않았다.

5 그녀는 옷을 백화점에서 사지 않는다.

6 그는 행복한 어린 시절을 보내지 못했다.

7 이 나라 사람들은 젓가락을 사용하지 않는다.

8 Sally는 저녁 식사 후에 설거지를 하지 않았다.

C

1 like not → don't like
2 don't → doesn't
3 has not → doesn't have
4 don't → didn't
5 kept → keep
6 doesn't → didn't
7 don't → didn't
8 doesn't → don't
9 don't → doesn't
10 didn't → didn't do

1 대부분의 사람들은 뱀을 좋아하지 않는다.
➡ 부정의 조동사 do가 없음

2 이 기계는 작동하지 않는다.
➡ 3인칭 단수 현재 -s. do는 does/doesn't

3 William은 주머니에 동전을 가지고 있지 않다.
➡ 부정의 조동사 do가 없음

4 나는 어젯밤에 그녀를 보지 않았다.
➡ 일반동사의 과거 부정은 언제나 didn't

5 너는 우리의 비밀을 지키지 않았다.
➡ 시간 표시는 조동사 do에만 함. 본동사는 항상 원형

6 Mark는 어제까지 고지서 요금을 지불하지 않았다.
➡ 일반동사의 과거 부정은 언제나 didn't

7 전화벨이 울렸지만 나는 듣지 못했다.
➡ 일반동사의 과거 부정은 언제나 didn't

8 많은 학생들이 충분한 수면을 취하지 못한다.
➡ 많은 학생들은 복수 주어

9 그는 숙제를 제때에 하지 않는다.
➡ 3인칭 단수 현재 -s. do는 does/doesn't

10 그들은 기말고사에서 최선을 다하지 않았다.
➡ 본동사 do(하다)가 빠졌음

D

1 Jimmy doesn't take a bath every day.

2 We don't go outside in rainy weather.

3 Mom didn't take out the garbage last night.

4 This machine doesn't use much electricity.

5 Some drivers don't follow traffic rules.

6 Daniel didn't give me a ten-dollar bill.

7 The child didn't use his spoon when he ate.

8 Angela didn't do much homework this weekend.

UNIT 21 일반동사의 의문문

A

2 Did she have ...?
3 Does he like ...?
4 Did they wear ...?
5 Do trees need ...?
6 Did Sally go ...?
7 Did the children play ...?
8 Does the building have ...?
9 Did Jessica do ...?
10 Does it do ...?

B

1 Did they see bears at the zoo?

2 Do wolves live in this forest?

3 Did you watch the singing contest on TV?

4 Does he have an extra battery for his phone?

5 Did he draw a circle on the paper?

6 Do you always keep your promises?

7 Does the brain sleep at night?

8 Did he do very well in school last year?

1 그들은 동물원에서 곰을 봤니?

2 이 숲에 늑대가 사니?

3 너는 TV에서 노래 경연 대회를 봤니?

4 그는 여분의 전화기 배터리를 가지고 있니?

5 그는 종이 위에 동그라미를 그렸니?

6 너는 항상 약속을 지키니?

7 뇌는 밤에 잠을 자니?

8 그는 작년에 학교에서 아주 좋은 성적을 냈니?

C

1 Do → Does
2 took → take
3 Do → Does
4 loves → love
5 Does → Do
6 Does → Did
7 enjoyed → enjoy
8 Does → Do

1 너의 아버지는 매해 휴가를 내시니?
➡ 3인칭 단수 현재 -s. Do는 Does

2 너는 돌고래 사진을 찍었니?
➡ 과거 표시는 조동사 do에만 함. 본동사는 항상 원형

3 Olivia는 여름마다 바다에 가니?

➡ 3인칭 단수 현재 -s. Do는 Does

4 그는 스포츠를 매우 좋아하니?

➡ 3인칭 단수 현재 표시는 조동사 do에만 함. 본동사는 항상 원형

5 너는 기억력이 좋니?

➡ 주어가 you. 3인칭 단수 현재 -s에 해당 안 됨

6 어젯밤 폭풍우가 나무들을 쓰러뜨렸니?

➡ last night이므로 과거

7 너는 바다의 아름다움을 즐겼니?

➡ 과거 표시는 조동사 do에만 함. 본동사는 항상 원형

8 너의 조부모님은 한국 전쟁을 기억하시니?

➡ 주어가 your grandparents로 복수

D

1 Does she know Michael?
— Yes, she does. / No, she doesn't.

2 Did you draw a square on the paper?
— Yes, I did. / No, I didn't.

3 Did you read *War and Peace* in English class?
— Yes, I did. / No, I didn't.

4 Does he hunt foxes?
— Yes, he does. / No, he doesn't.

5 Do they live in peace?
— Yes, they do. / No, they don't.

6 Did she go to Japan by ship?
— Yes, she did. / No, she didn't.

7 Does your mother do your hair?
— Yes, she does. / No, she doesn't.

8 Do earthquakes occur in Korea?
— Yes, they do. / No, they don't.

REVIEW TEST

A

1 바보 **2** 비밀 **3** 여행 **4** 전기 **5** 활동 **6** 교통 법규
7 흥미진진한, 흥분시키는 **8** 원, 동그라미 **9** 무서워하는
10 계산서, 청구서 **11** 수줍어하는 **12** 휴일 **13** 게으른
14 휴가, 방학 **15** 신선한 **16** 전쟁 **17** 맛있는 **18** 평화
19 재미있는, 흥미로운 **20** 사각형 **21** 날씨 **22** 폭풍우 **23** 약
24 뇌 **25** 기계 **26** 기억, 기억력 **27** 동전 **28** 수영장
29 어린 시절 **30** 지진

B

1 I'm not afraid of snakes.
나는 뱀을 무서워하지 않아.

2 My sisters aren't shy around others.
내 누나들은 다른 사람들과 있을 때 수줍어하지 않아.

3 We weren't at home yesterday.
우리는 어제 집에 없었어.

4 Sean doesn't eat bread for breakfast.
Sean은 아침으로 빵을 먹지 않아.

5 Tim and I didn't play tennis together yesterday.
Tim과 나는 어제 테니스를 같이 치지 않았어.

6 Nicole didn't do very well on the math exam.
Nicole은 수학 시험을 잘보지 못했어.

7 We didn't go to the lake last weekend.
우리는 지난 주말에 그 호수에 가지 않았어.

8 Michael doesn't follow the traffic rules.
Michael은 교통 법규를 지키지 않는다.

C

1 Is this food delicious?
이 음식은 맛있니?

2 Were they late for the meeting?
그들은 회의에 늦었니?

3 Are dogs clever animals?
개는 영리한 동물이니?

4 Did she get a good grade on the test?
그녀는 시험에서 좋은 성적을 받았니?

5 Do your parents like pets?
너의 부모님은 애완동물을 좋아하시니?

6 Did Amy clean her room yesterday?
Amy는 어제 그녀의 방을 청소했니?

7 Does this copy machine work well?
이 복사기는 작동을 잘 하니?

8 Did he take out the garbage last night?
그는 어젯밤에 쓰레기를 내놨니?

9 Do they do their homework together?
그들은 숙제를 같이 하니?

10 Does your teacher do many things for you?
너희 선생님은 너희들을 위해 많은 일을 하시니?

D

1 Was → Were   **2** Are → Is

3 Do → Does   **4** sold → sell

5 he → it   **6** don't → am not

7 you didn't → I didn't   **8** are → do

---

1 Sue와 Tina가 그 파티에 있었니? — 아니, 없었어.

➡ 두 사람이므로 Were

2 그 경기는 흥미진진하니? — 응, 그래.

➡ the game이 3인칭 단수이므로 Is

3 네 남동생은 햄스터를 좋아하니? — 아니, 좋아하지 않아.

➡ 3인칭 단수 현재 -s. Do는 Does

4 네 아버지가 그의 차를 파셨니? — 아니, 팔지 않으셨어.

➡ 과거 표시는 조동사 do에만 함. 본동사는 항상 원형

5 그의 연설이 흥미로웠니? — 응, 그랬어.

➡ his speech: it

6 너는 수학을 잘하니? — 아니, 그렇지 않아.

➡ Are you로 물었으므로 대답은 I am (not)

7 너는 지난여름에 휴가를 갔니? — 아니, 안 갔어.

➡ Did you로 물었으므로 대답은 I did (not)

8 돌고래들이 이 바다에 사니? — 응, 그래.

➡ Do로 물었으므로 대답도 do

CHAPTER 7 의문사

UNIT 22 의문사 be 주어

A

1 Who **2** When **3** What **4** Where **5** Why **6** Who
7 When **8** Why **9** What **10** Where **11** Why **12** Who

1 나무 옆에 있는 그 아이는 누구니?

2 여름 방학은 언제니?

3 너의 취미는 뭐니?

4 내 공책과 지우개는 어디 있니?

5 너는 오늘 왜 그렇게 졸려 하니?

6 지난 학기 반장은 누구였니?

7 우리의 다음 수학 시험은 언제니?

8 이 지우개는 왜 그렇게 비싸니?

9 너의 인생 목표들은 뭐니?

10 야구장은 어디 있니?

11 그들은 어제 왜 학교에 지각했니?

12 너희 반에서 가장 인기 있는 학생들은 누구니?

B

1 Who is **2** What was **3** What is **4** Who was
5 Where is **6** When is **7** Why are **8** Where are
9 Why was **10** When were

1 네가 가장 좋아하는 가수는 누구니?

2 네가 어렸을 때 가장 좋아하던 음식이 뭐였니?

3 이 부츠 가격은 얼마니?

4 지난 주말 댄스 파티에서 네 파트너는 누구였니?

5 지하철역은 어디 있니?

6 한국에서 장마철은 언제니?

7 왜 벌들은 항상 바쁘니?

8 우리 가족들을 위한 좌석은 어디니?

9 왜 선생님은 어제 화가 나셨니?

10 너는 언제 태어났니? — 2004년에.

C

1 Where were you born?

2 Who is that girl in the red dress?

3 Why are you home alone?

4 What is the matter with her?

5 Why is your brother so different from you?

6 When are you proud of your students?

7 Why are prices so high these days?

8 Who is the most creative student in your class?

1 너는 어디에서 태어났니?

2 빨간 드레스를 입은 저 소녀는 누구니?

3 너는 왜 혼자 집에 있니?

4 그녀에게 무슨 문제가 있니?

5 왜 너의 형은 너와 그렇게 다르니?

6 너는 언제 너의 학생들이 자랑스럽니?

7 요즘 물가가 왜 그렇게 높니?

8 너의 반에서 가장 창의력 있는 학생은 누구니?

D

1 Who is your math teacher?

2 Why is her nickname 'Sleepy?'

3 What was your role in the school play?

4 What is the matter?

5 Why are you proud of Jeffrey?

6 Where is soccer most popular?

1 A: 너의 수학 선생님은 누구니?

B: Fields 선생님이셔.

2 A: 왜 그녀의 별명이 'Sleepy'니?

B: 그녀가 수업 중에 종종 자기 때문이야.

3 A: 학교 연극에서 너의 역할은 뭐였니?

B: 나는 남자 주인공의 파트너였어.

4 A: 무슨 문제가 있니?

 B: 내 자리에 큰 거미가 있어!

5 A: 너는 왜 Jeffrey가 자랑스럽니?

 B: 그가 아주 똑똑하기 때문이야.

6 A: 축구는 어디서 가장 인기가 있니?

 B: 그것은 남미에서 가장 인기가 있어.

UNIT 23 의문사 do 주어 + 동사원형

1 What **2** When **3** When **4** Who(m) **5** What
6 When **7** When **8** Where **9** Why **10** Who

---

1 그 문자 메시지는 뭐라고 쓰여 있니?

2 머드 축제는 언제 시작하니? — 8월 첫째 주말에.

3 언제 손님들이 도착했니? — 7시에.

4 너는 누구를 가장 존경하니?

5 너의 사장은 그 금고에 무엇을 보관하니?

6 언제 너의 가족은 한국으로 이사했니? — 작년에.

7 다음 기차는 언제 도착하니? — 20분 후에.

8 너는 보물을 어디에서 발견했니? — 강가에 있는 동굴에서.

9 너는 왜 교수가 되고 싶니?

10 그 테니스 경기에서 누가 이겼니?

B

1 Where did **2** What does
3 Why do **4** Why do
5 What did **6** Who(m) do
7 When does **8** Who
9 What does **10** Where did

---

1 내가 어젯밤에 내 열쇠를 어디에 두었지?

2 주말에 그녀는 주로 무엇을 하니?

3 왜 나비가 꽃을 좋아하니?

4 왜 사람들은 그렇게 많은 상어를 죽이니? — 그들은 상어의 지느러미를 얻길 원해.

5 너는 지난 생일에 무엇을 받았니?

6 한국인들은 보통 결혼식에 누구를 초대하니?

7 너의 첫 수업은 언제 시작하니? — 8시에 시작해.

8 이 궁전에 누가 살았니?

 ➡ 의문사 자체가 주어(Who: 누가)이므로 뒤에 바로 본동사가 옴. do의 도움 불필요

9 표지판에 뭐라고 쓰여 있니? — '주차 금지'라고 쓰여 있어.

10 너는 주말 동안 어디에 갔니? — 나는 대구에 갔어.

C

1 When did his airplane arrive?

2 Where does he keep his money?

3 Why did you change your mind?

4 What do you do in your free time?

5 What do the farmers grow?

6 Why did you leave the front door open?

7 When does winter vacation usually begin?

---

1 언제 그의 비행기가 도착했니?

2 그는 그의 돈을 어디에 보관하니?

3 너는 왜 마음을 바꿨니?

4 너는 여가 시간에 무엇을 하니?

5 그 농부들은 무엇을 기르니?

6 너는 왜 현관문을 열어 두었니?

7 겨울 방학은 보통 언제 시작하니?

D

1 What did you have[eat] for lunch?

2 When does your last class end?

3 Why do people hunt wild animals?

4 Who(m) did you meet there?

5 Where does the prince keep his treasure?

6 What does she do in her free time?

7 When did the car accident happen?

8 Who threw a stone at the window?

 ➡ 의문사 자체가 주어(Who: 누가)이므로 뒤에 바로 본동사가 옴. do의 도움 불필요

UNIT 24 How ...?

1 is **2** was **3** was **4** are **5** was **6** did **7** does
8 do **9** did **10** did

---

1 너의 언니는 어떻게 지내니? — 그녀는 잘 지내.

2 너의 일본 여행은 어땠니? — 아주 좋았어.

3 어제 Jasmine과의 데이트는 어땠니? — 완벽했어.

4 너의 새 반 친구들은 어떠니? — 그들은 친절해.

5 너의 중학교에서의 첫날은 어땠니? — 재미있었어.

6 Daniel은 어떻게 컴퓨터를 고쳤니? — 내가 그를 도와줬어.

7 너희 선생님은 너희들을 어떻게 대하시니? — 그는 우리를 친절하게 대해 주셔.

8 너는 여가 시간을 어떻게 보내니? — 나는 주로 책을 읽어.

9 Julia는 어떻게 그 회사에 일자리를 얻었니? — 그녀는 면접에서 잘했어.

10 그들은 그 콘서트 표를 어떻게 구했니? — 그들은 그것들을 온라인으로 구매했어.

B

1 often **2** many **3** big **4** old **5** much **6** tall **7** much
8 fast **9** long **10** late

1 너는 얼마나 자주 고향을 방문하니?

2 너는 얼마나 많은 과목을 공부하니?

3 사하라 사막은 얼마나 크니? — 그것은 9,400,000평방 킬로미터야.

4 너의 과학 선생님은 몇 세이시니? — 그녀는 30대이셔.

5 이 생수는 얼마니?

6 그 탑은 얼마나 높니?

7 너는 얼마나 많은 돈이 필요하니?

8 그 비행기는 얼마나 빠르게 나니? — 시간당 900킬로미터 이상.

9 너는 어젯밤에 얼마나 오래 공부했니? — 5시간 동안.

10 너는 어젯밤에 얼마나 늦게까지 안 자고 있었니? — 1시까지.

C

1 디저트는 어땠니?

2 How are your parents?
너의 부모님은 어떠시니?

3 How much money did you collect?
너는 얼마나 많은 돈을 모았니?

4 How does Bill prepare for tests?
Bill은 시험 준비를 어떻게 하니?

5 How many books did you borrow?
너는 얼마나 많은 책을 빌렸니?

6 How do doctors treat skin problems?
의사들은 피부 문제를 어떻게 치료하니?

7 How often do you come here?
너는 얼마나 자주 여기 오니?

8 How did that little boy lift the heavy box?
저 어린 남자아이가 어떻게 그 무거운 상자를 들었니?

D

1 How did you fix your bicycle?

2 How did Jimmy do on his math test?

3 How long is this film?

4 How often does it rain in the desert?

5 How hard is your new job?

6 How many stamps does he have?

1 A: 너는 자전거를 어떻게 고쳤니?
　B: 내가 고치지 않았어. 그것을 수리점에 맡겼지.

2 A: Jimmy는 수학 시험을 어떻게 봤니?
　B: 별로 잘하지 못했어. 수학은 그가 가장 못하는 과목이야.

3 A: 이 영화는 얼마나 기니?
　B: 2시간짜리야.

4 A: 사막에서는 비가 얼마나 자주 오니?
　B: 일 년에 고작 한두 번 와.

5 A: 너의 새로운 일은 얼마나 어렵니?
　B: 아주 어렵지만, 내가 감당할 수 있어.

6 A: 그는 얼마나 많은 우표를 가지고 있니?
　B: 그는 5백 장 이상의 우표를 가지고 있어.

 REVIEW TEST

A

1 가장 좋아하는 **2** 보물 **3** 인기 있는 **4** 마음 **5** 다른 **6** 나비 **7** 자랑스러운 **8** 진흙 **9** 혼자인 **10** 목표 **11** 창의적인 **12** (문제를) 풀다 **13** 대표, 사장 **14** 문제 **15** 역할 **16** 고치다, 고정시키다 **17** 가격 **18** 다루다, 처리하다 **19** 일, 문제 **20** 준비하다 **21** 경기, 성냥 **22** 대하다, 치료하다 **23** 전하는 말, 메시지 **24** 들어 올리다 **25** 손님 **26** 자지 않고 있다, 깨어 있다 **27** 동굴 **28** 모으다, 수집하다 **29** 사고 **30** 과목

B

1 Who **2** When **3** What **4** Why **5** Where

1 벤치에 있는 저 여자아이는 누구니? — 그녀는 내 사촌이야.

2 너는 언제 숙제를 끝냈니? — 어젯밤에.

3 이 이어폰은 얼마예요? — 10달러예요.

4 왜 Max는 Marie에게 장미를 주었니? — 그가 그녀를 사랑하기 때문이야.

5 내 지우개가 어디 있지? — 책상 밑에 있어.

C

1 much **2** long **3** old **4** many **5** often **6** fast

1 당신은 한 달에 얼마나 많이 버나요?

2 너는 얼마나 오래 거기에서 살았니?

3 네 할아버지는 몇 세이시니? — 70세가 넘으셨어.

4 얼마나 많은 사람들이 파티에 있었니?

5 너는 얼마나 자주 조부모님을 방문하니? — 한 달에 한 번.

6 KTX 열차는 얼마나 빠르니? — 그것은 한 시간에 300킬로미터를 가.

1 were   **2** did   **3** are   **4** did   **5** do   **6** is   **7** does   **8** was   **9** is   **10** did

---

1 어제 너는 왜 학교에 늦었니?

2 너는 지난달에 얼마나 많은 책을 읽었니?

3 요즘에는 누가 가장 인기 있는 가수들이니?

4 너는 어렸을 때 어디에 살았니?

5 너는 보통 학교에 어떻게 가니?

6 네 어머니의 생일은 언제니?

7 그녀는 아침으로 보통 무엇을 먹니?

8 그녀는 어젯밤에 어디에 있었니?

9 남산 타워는 얼마나 높니?

10 너는 지난달에 얼마나 많은 돈을 썼니?

E

1 How did he fix his computer?

2 Where did you buy the notebook?

3 How many hours do you sleep a day?

4 What is his role in the movie?

5 When did they arrive in London?

6 How much water do you drink a day?

7 How long did you wait for her?

8 How often does Anthony go on vacation?

CHAPTER 8 시제

UNIT 25 현재시제, 현재진행형

A

2 He checks / He is checking

3 She smiles / She is smiling

4 It destroys / It is destroying

5 We paint / We are painting

6 You write / You are writing

7 My father reads / My father is reading

8 Kevin and Jenny cross / Kevin and Jenny are crossing

9 Water boils / Water is boiling

10 The children bury / The children are burying

1 is   **2** paint   **3** makes   **4** eat   **5** are eating   **6** am drawing   **7** is sitting   **8** is burying   **9** are destroying

---

1 그의 사업은 매우 성공적이다.

2 우리는 집 벽을 2년마다 페인트칠한다.

3 내 개는 항상 내 신발에 구멍을 내놓는다(만든다).

4 코끼리는 매일 100킬로그램의 음식을 먹는다.

5 소들이 들판에서 풀을 먹고 있다.

6 나는 그 소들의 그림을 그리고 있다.

7 그녀는 의자에 앉아 있다.

8 그 개는 땅속에 뼈다귀를 묻고 있다.

9 우리는 우리의 환경을 파괴하고 있다.

C

1 a. crosses   b. are crossing

2 a. is boiling   b. boils

3 a. checks   b. am checking

4 a. is raining   b. rains

5 a. heats   b. is heating

6 a. burns   b. is burning

---

1 a. 이 연락선은 하루에 한 번 강을 건넌다.
　 b. 그들은 지금 보트를 타고 강을 건너고 있다.

2 a. 조심해. 물이 끓고 있어.
　 b. 물은 섭씨 100도에서 끓는다.

3 a. 내 상사는 종종 내 일을 점검한다.
　 b. 기다려! 나는 가격을 확인하고 있어.

4 a. 밖에 비가 오고 있어. 우산을 가져가.
　 b. 한국에는 여름에 비가 많이 온다.

5 a. 태양은 지구를 데운다(따뜻하게 한다).
　 b. 엄마는 점심 식사로 닭고기 수프를 데우고 계신다.

6 a. 여름에는 뜨거운 태양이 우리의 피부를 태운다.
　 b. 아빠는 지금 집 뒤에서 나뭇잎들을 태우고 계신다.

D

1 He eats an apple every day.

2 He is working on a new action film.

3 Paper burns quickly in a fire.

4 <u>He is painting the fence</u> yellow.

5 <u>An old man is crossing</u> the street.

6 <u>I am doing my math homework</u> right now.

UNIT 26 과거시제, 과거진행형

A

2 He begged / He was begging

3 She went / She was going

4 It rained / It was raining

5 We jogged / We were jogging

6 Andrew mixed / Andrew was mixing

7 My father read / My father was reading

8 Kevin and Ted fought / Kevin and Ted were fighting

9 People watched / People were watching

10 The children cheered / The children were cheering

B

1 played **2** was **3** entered **4** sent **5** cheered
6 was begging **7** was adding **8** was sleeping
9 were watching **10** were celebrating

1 우리는 자정까지 기타를 쳤다.

2 내 어머니는 지난주에 아프셨다.

3 우리 선생님은 교실로 천천히 들어가셨다.

4 나는 파리에서 남자친구에게 엽서를 보냈다.

5 내가 홈런을 쳤을 때 관중들이 환호했다.

6 그 가난한 남자는 돈을 구걸하고 있었다.

7 그 요리사는 고기에 소금을 첨가하고 있었다.

8 그 환자는 의사가 들어왔을 때 자고 있었다.

9 아이들은 TV에서 만화를 보고 있었다.

10 네가 내게 전화했을 때 우리는 내 생일을 축하하고 있었다.

C

1 a. were mixing b. mixed

2 a. watched b. were watching

3 a. ate b. was eating

4 a. were fighting b. fought

5 a. was jogging b. jogged

6 a. hiked b. was hiking

1 a. 선생님이 들어오셨을 때 그 아이들은 색을 섞고 있었다.
 b. 나는 두 가지 색을 섞어서 이 오렌지 물감을 만들었다.

2 a. 우리는 어제 하루 종일 TV를 봤다.
 b. 우리 부모님이 집에 오셨을 때 우리는 TV를 보고 있었다.

3 a. 나는 점심으로 샌드위치를 먹었다.
 b. 초인종이 울렸을 때 나는 샌드위치를 먹고 있었다.

4 a. 선생님이 들어오셨을 때 두 학생이 싸우고 있었다.
 b. 두 학생이 방과 후에 체육관에서 싸웠다.

5 a. 내 아버지는 내가 전화했을 때 조깅을 하고 계셨다.
 b. 내 아버지는 오늘 아침 공원에서 조깅을 하셨다.

6 a. 나는 어제 아침에 산에 올랐다.
 b. 나는 그때 산에 오르고 있었다.

D

1 <u>She was hugging her mother.</u>

2 <u>I added up all the numbers.</u>

3 <u>He was begging for some food.</u>

4 The class <u>recycled empty bottles.</u>

5 <u>I was going up the stairs of your apartment building</u> at that time.

6 <u>My cat was taking a nap</u> by the window.

UNIT 27 시간의 표현

A

1 enjoy **2** trust **3** met **4** sells **5** won **6** bought
7 delivered **8** hurt **9** search **10** put

1 많은 사람들이 여름에 냉면을 즐긴다(즐겨 먹는다).

2 내 부모님은 항상 나를 믿으신다. 나는 그들에게 정직하다.

3 그들은 데이트할 때 주로 빵집에서 만났다.

4 그 영업 사원은 최고이다. 그는 매달 10대가 넘는 차를 판다.

5 그의 누나는 지난달에 노래 경연 대회에서 일등상을 탔다.

6 그녀는 어제 새 안경을 샀다.

7 그 영업 사원은 어제 내 새 차를 배달했다.

8 나는 넘어졌을 때 왼쪽 팔을 다쳤다.

9 일부 사람들은 매일 밤 인터넷 검색을 한다.

10 나는 그녀의 음식을 매우 좋아했지만 그녀는 종종 음식에 너무 많은 소금을 넣었다.

B

1 is boiling 2 was raining 3 am losing 4 was skiing
5 am searching 6 was having 7 are kidding 8 was
feeding 9 am waiting for 10 was talking

1 냄비의 물이 지금 끓고 있다.

2 내가 집을 나섰을 때 비가 오고 있었다.

3 나는 요즘 체중이 줄고 있다.

4 그녀는 다리를 다쳤을 때 스키를 타고 있었다.

5 기다려! 나는 열쇠를 찾고 있어.

6 내가 그에게 전화했을 때 그는 저녁을 먹고 있었다.

7 너는 농담을 하고 있구나! 나는 그것을 믿지 않아.

8 내가 방문했을 때 Justine은 그녀의 개에게 먹이를 주고 있
   었다.

9 Emily, 내가 지금 너를 버스 정류장에서 기다리고 있어.

10 내가 집에 왔을 때 Alex는 전화 통화를 하고 있었다.

C

1 Dorothy met her friends at the bakery.

2 The boxer lost some weight.

3 The children are playing in the yard.

4 Benjamin wins first prize in every swimming race.

5 My mom is folding clothes in the living room.

6 My father always pays by credit card.

7 I received a postcard from my friend in Spain.

8 Mark was delivering newspapers when I saw him
   this morning.

REVIEW TEST

A

1 환경 2 더하다, 보태다 3 구멍 4 기념하다, 축하하다
5 들판, 분야 6 천천히 뛰다, 조깅하다 7 사업 8 껴안다, 포옹하다
9 성공적인 10 수리하다 11 (가로질러) 건너다 12 현금
13 점검하다, 검사하다 14 빵집, 제과점 15 묻다 16 경주,
레이스 17 타다, 태우다 18 다치다, 다치게 하다 19 파괴하다
20 배달하다 21 환자 22 먹이다, 음식을 주다 23 군중,
(모인) 사람들 24 무게, 체중 25 낮잠, 졸기 26 신뢰하다
27 들어가다 28 찾다, 뒤지다 29 재활용하다 30 접다, 접히다

B

2 write / wrote / am writing / was writing

3 goes / went / is going / was going

4 sit / sat / are sitting / were sitting

5 reads / read / is reading / was reading

6 eat / ate / are eating / were eating

7 check / checked / are checking / were checking

8 makes / made / is making / was making

9 play / played / are playing / were playing

10 destroy / destroyed / are destroying / were
    destroying

11 mixes / mixed / is mixing / was mixing

12 cries / cried / is crying / was crying

C

1 am studying → was studying

2 cooks → is cooking   3 is jogging → jogs

4 wait → are waiting   5 was sending → sent

6 painted → were painting

7 studies → is studying

1 Tony가 왔을 때 나는 공부하고 있었다.
   ➡ 과거 어느 시점에 관심을 두고 그때에 일어나고 있던 일
   을 말할 때는 과거진행형

2 엄마는 바로 지금 부엌에서 요리하고 계신다.
   ➡ 현재 이 시점에서 일어나고 있는 일은 현재진행형

3 Sally는 운동을 많이 한다. 그녀는 매일 아침 조깅한다.
   ➡ 현재의 습관적인 일은 단순 현재

4 Tara와 Gary는 지금 그들의 친구를 기다리고 있다.
   ➡ 현재 이 시점에서 일어나고 있는 일은 현재진행형

5 나는 오늘 아침 너에게 이메일을 하나 보냈어.
   ➡ 막연히 과거에 끝난 일을 말할 때는 단순 과거

6 그 일꾼들은 그때 다리를 페인트칠하고 있었다.
   ➡ 과거 어느 시점에 관심을 두고 그때에 일어나고 있던 일
   을 말할 때는 과거진행형

7 조용히 해! Laura가 중요한 시험에 대비해 공부하고 있어.
   ➡ 현재 이 시점에서 일어나고 있는 일은 현재진행형

D

1 My mother goes shopping every Sunday.

2 The field turns green in spring.

3 Cathy buried her pet dog.

4 The water on the stove is boiling.

5 My brother was sleeping when I came home.

6 Patricia talked on the phone for three hours this
   morning.

7 We were talking about you when you called me.

8 The students were celebrating their teacher's birthday.

CHAPTER 9 be v-ed (수동태)

UNIT 28 be v-ed

2 be visited   **3** be asked

4 be cooked   **5** be hunted

6 be destroyed

1 코끼리는 상아 때문에 사냥된다.

2 The teacher was asked a question.
질문을 받았다
그 선생님은 질문을 받았다.

3 History is repeated.
반복된다
역사는 반복된다.

4 The computers are used by the students.
사용된다
그 컴퓨터들은 학생들에 의해 사용된다.

5 This soup was cooked by my father.
요리되었다
이 수프는 내 아버지에 의해 요리되었다.

6 Baseball is enjoyed in many countries.
즐겨진다
야구는 많은 나라에서 즐겨진다.

7 The telephone was invented by Bell.
발명되었다
전화는 Bell에 의해 발명되었다.

8 The island was covered with flowers.
덮였다
그 섬은 꽃으로 덮였다.

9 The fire was started by lightning.
시작되었다
그 화재는 번개에 의해 시작되었다.

10 This museum is visited by lots of people.
방문된다
이 박물관은 많은 사람들에 의해 방문된다.

11 These pictures were painted by a great artist.
그려졌다
이 그림들은 한 위대한 예술가에 의해 그려졌다.

12 In this story, a frog was kissed by a princess.
키스를 받았다
이 이야기에서, 개구리는 공주에게 키스를 받았다.

1 are used   **2** was finished   **3** was introduced
4 is played   **5** were killed   **6** are destroyed

1 나무 방망이가 야구 경기에 사용된다.

2 그 일은 어제 끝났다.

3 나는 지난주에 Nick에 의해 Betty에게 소개되었다.

4 축구는 전 세계에서 경기된다.

5 어젯밤에 다섯 사람이 그 사고에서 죽임을 당했다.

6 매년 많은 건물들이 화재에 의해 파괴된다.

D

1 The patient was carried to the hospital.

2 She was visited by some friends yesterday.

3 The mountains are covered with snow in winter.

4 Chopsticks are used in many Asian countries.

5 The children were protected by the police.

6 The streets are cleaned every morning.

7 His house was destroyed by the fire.

8 Many people were killed in the war.

UNIT 29 불규칙 동사의 수동형

A

2 be built   **3** be found

4 be sold   **5** be caught

6 be taught   **7** be spoken

8 be written

B

2 Most things were done by hand in the past.
행해졌다
과거에는 많은 것들이 손으로 행해졌다.

3 That poem was written by Kevin.
쓰였다
저 시는 Kevin에 의해 쓰였다.

4 Many fish are caught in this river.
잡힌다
많은 물고기들이 이 강에서 잡힌다.

5 Rice is grown in many Asian countries.
재배된다
쌀은 많은 아시아 국가에서 재배된다.

6 Snakes are eaten in some countries.
먹힌다
뱀은 일부 나라들에서 먹힌다. (사람들이 먹는다)

7 Many books are sold by online bookstores.
팔린다
많은 책들이 온라인 서점에 의해 판매된다.

8 The Olympics are held every four years.
개최된다
올림픽은 4년마다 개최된다.

9 I was given a gift by Susan.
받았다
나는 Susan에게서 선물을 받았다.

10 The window was broken by my little brother.
깨졌다
그 창문은 내 남동생에 의해 깨졌다.

11 Over two billion emails are sent every day.
보내진다
20억 개가 넘는 이메일들이 매일 보내진다.

12 Fresh flowers are put on her desk every morning.
놓여진다
싱싱한 꽃들이 매일 아침 그녀의 책상에 놓여진다.

1 are spoken   **2** was taught   **3** was told

4 were made   **5** are worn   **6** are shown

1 그 나라에서는 두 언어가 사용된다(말해진다).

2 나는 지난해에 Sam에게서 태권도를 배웠다.

3 나는 어제 그 사실을 들었다.

4 최초의 자전거는 200년도 더 이전에 만들어졌다.

5 청바지는 모든 연령의 사람들에 의해 입어진다(사람들이 입는다).

6 만화는 많은 TV 채널에서 보여진다(방영된다).

1 Many action films are made in Hong Kong.

2 An old letter was found in the box.

3 The letter was written 100 years ago.

4 Many dangerous jobs are done by robots these days.

5 This jacket was worn by a famous actor.

6 My dog was hit by a bike yesterday.

7 The children were sent to the camp last summer.

8 Beef is eaten in many different ways.

9 Vegetables are grown in the garden.

10 I am given a lot of chocolate every Valentine's Day.

UNIT 30 능동태, 수동태 문장 비교

A

2 My little brother broke the flower vase. (깼다)
내 남동생이 그 꽃병을 깼다.

3 The glass is filled with water. (채워져 있다)
그 잔은 물로 채워져 있다.

4 Please fill this bottle with water. (채워라)
이 병을 물로 채워 주세요.

5 I respect him for his hard work. (존경한다)
나는 그의 노고에 대해 그를 존경한다.

6 The king was respected by his people.
(존경받았다)
그 왕은 백성들에게 존경받았다.

7 This store sells boots. (판다)
이 상점은 부츠를 판다.

8 The doll was sold to an old woman. (팔렸다)
그 인형은 한 노부인에게 팔렸다.

9 The accident was reported to the police.
(신고되었다)
그 사고는 경찰에 신고되었다.

10 I reported the fire to the fire station. (신고했다)
나는 소방서에 그 화재를 신고했다.

11 The fish was fried in oil. (튀겨졌다)
생선은 기름에 튀겨졌다.

12 I fried two eggs for breakfast. (튀겼다)
나는 아침으로 계란 두 개를 튀겼다(프라이했다).

13 My mother reuses paper bags.
(재사용한다)
내 어머니는 종이 봉투를 재사용하신다.

14 Paper cups are reused in my office.
(재사용된다)
나의 사무실에서 종이컵은 재사용된다.

15 The old building was destroyed by the storm.
(파괴되었다)
그 오래된 건물들이 폭풍우에 의해 파괴되었다.

16 The storm destroyed the whole village.
(파괴했다)
폭풍우가 마을 전체를 파괴했다.

17 I am paid 5 million won a month. (지불받는다)
나는 한 달에 5백만 원을 지불받는다.

18 I pay 30,000 won per month for Internet service.
(지불한다)
나는 인터넷 사용료로 매달 3만 원을 지불한다.

19 Bad food causes stomachaches. (유발한다)
상한 음식은 복통을 유발한다.

20 The tsunami was caused by an underwater earthquake. (초래되었다)
그 쓰나미는 해저 지진에 의해 초래되었다.

Ⓑ

1 a. eat   b. are eaten
2 a. is spoken   b. speak
3 a. am understood b. understand
4 a. causes   b. is caused
5 a. pollutes   b. is polluted
6 a. is respected   b. respect
7 a. gave   b. was given
8 a. was destroyed b. destroyed
9 a. found   b. were found
10 a. welcomed   b. was welcomed

---

1 a. 토끼는 당근을 먹는다.
   b. 당근은 토끼에 의해 먹힌다.
2 a. 스페인어는 멕시코에서 사용된다(말해진다).
   b. 멕시코에서 사람들은 스페인어를 말한다.
3 a. 나는 내 부모님에 의해 이해받는다.
   b. 내 부모님은 나를 이해하신다.
4 a. 공해가 지구 온난화를 유발한다.
   b. 지구 온난화는 공해에 의해 유발된다.
5 a. 공장에서 나오는 연기는 환경을 오염시킨다.
   b. 환경은 공장에서 나오는 연기에 의해 오염된다.
6 a. 우리 선생님은 모든 학생들에 의해 존경받는다.
   b. 모든 학생들은 우리 선생님을 존경한다.
7 a. 그의 부모님은 그에게 많은 돈을 주셨다.
   b. 그는 그의 부모님에 의해 많은 돈이 주어졌다(받았다).
8 a. 그 도시는 지진에 의해 파괴되었다.
   b. 지진은 그 도시를 파괴했다.
9 a. 나는 Troy의 차에서 내 선글라스를 발견했다.
   b. 내 선글라스는 Troy의 차에서 발견되었다.

10 a. 모두가 새로 오신 영어 선생님을 환영했다.
   b. 새로 오신 영어 선생님은 모두에 의해 환영받았다.

REVIEW TEST

Ⓐ

2 played, is/are played, was/were played
3 made, is/are made, was/were made
4 built, is/are built, was/were built
5 cooked, is/are cooked, was/were cooked
6 cut, is/are cut, was/were cut
7 gave, is/are given, was/were given
8 killed, is/are killed, was/were killed
9 found, is/are found, was/were found
10 carried, is/are carried, was/were carried
11 asked, is/are asked, was/were asked
12 sold, is/are sold, was/were sold
13 broke, is/are broken, was/were broken
14 used, is/are used, was/were used
15 wrote, is/are written, was/were written
16 introduced, is/are introduced, was/were introduced
17 invited, is/are invited, was/were invited
18 caught, is/are caught, was/were caught
19 destroyed, is/are destroyed, was/were destroyed
20 produced, is/are produced, was/were produced
21 spoke, is/are spoken, was/were spoken
22 grew, is/are grown, was/were grown
23 discovered, is/are discovered, was/were discovered
24 sent, is/are sent, was/were sent
25 respected, is/are respected, was/were respected

Ⓑ

1 hunt   **2** were taken
3 enjoy   **4** were asked
5 was visited   **6** protected
7 carried   **8** were killed
9 caught   **10** was given
11 was found   **12** told
13 were cut   **14** reuse
15 are sold   **16** are spoken

17 is covered

1 일부 사람들은 재미로 야생동물을 <u>사냥</u>한다.

2 이 사진들은 나에 의해 찍혔다 (내가 찍었다).

3 많은 미국인들이 야구를 즐긴다.

4 그들은 선생님으로부터 질문을 받았다.

5 그녀는 어제 삼촌의 방문을 받았다.

6 경찰이 그 아이들을 보호했다.

7 우리는 그 환자를 병원으로 옮겼다.

8 많은 사람들이 그 화재에서 죽임을 당했다 (죽었다).

9 우리는 이 강에서 많은 물고기를 잡았다.

10 Estelle은 남자친구로부터 선물을 받았다.

11 내 휴대폰이 욕실에서 발견되었다.

12 그는 어제 나에게 진실을 말했다.

13 그에 의해 그 사과나무들이 베어졌다.

14 우리는 사무실에서 종이컵을 재사용한다.

15 부츠가 이 가게에서 팔린다 (이 가게가 판다).

16 이 나라에서는 세 개의 언어가 말해진다 (사용된다).

17 그 언덕은 봄에 꽃으로 덮인다.

CHAPTER 10 준동사 기초

UNIT 31 to-v: v하는 것, v하기

2 원한다 / 외국을 방문하기(를)

3 약속했다 / 내게 선물을 사 줄 것(을)

4 결정했다 / 외국어를 배우기(를)

5 기억해라 / 문을 잠그는 것(을)

　➡ remember[forget] to-v: 앞으로 할 일을 기억하다[잊다]

6 배웠다 / 차를 운전하는 것(을)

7 원한다 / 야생동물에 대해 배우는 것(을)

8 계획한다 / 이메일로 소통하기(를)

9 필요로 한다 / 독자들과 소통하기(를)

10 기대한다 / 시험에서 좋은 성적을 얻기(를)

B

1 We decided to sell our car.

2 They plan to get married next year.

3 I want to park my car in front of the building.

4 You need to review your notes before the test.

5 I hope to fly in a spaceship someday.

6 He wants to see the bottom of the sea.

7 They tried to learn common English expressions.

1 우리는 우리의 차를 팔기로 결정했다.

2 그들은 내년에 결혼할 계획이다.

3 나는 그 건물 앞에 내 차를 주차하기를 원한다.

4 너는 시험 전에 필기해 놓은 것을 복습할 필요가 있다.

5 나는 언젠가 우주선으로 비행하기를 희망한다.

6 그는 바다의 바닥(해저)을 보기를 원한다.

7 그들은 일반적인 영어 표현들을 배우려고 노력했다.

C

1 The child began to cry.

2 They expect to reach New York on time.

3 You need to think about your future.

4 He hopes to travel to space someday.

5 She promised to love him forever.

6 Michael's parents decided to buy him a computer.

7 Readers want to communicate with writers.

UNIT 32 to-v: v하기 위해

2 Andy started a diet to lose weight.

　　　(체중을 줄이기 위해)

Andy는 체중을 줄이기 위해 다이어트를 시작했다.

3 Mom stopped at a store to buy some fruit.

　　　(약간의 과일을 사기 위해)

엄마는 약간의 과일을 사기 위해 가게에 들르셨다.

4 I wrote Mark a letter to apologize for my mistake.

　　　(내 실수에 대해 사과하기 위해)

나는 내 실수에 대해 사과하기 위해 Mark에게 편지를 썼다.

5 She went to the washroom to wash her hands.

　　　(그녀의 손을 씻기 위해)

그녀는 그녀의 손을 씻기 위해 화장실에 갔다.

6 People join clubs to make new friends.

　　　(새로운 친구들을 사귀기 위해)

사람들은 새로운 친구들을 사귀기 위해 동아리에 가입한다.

7 Babies often cry to attract their mother's attention.

　　　(그들의 어머니의 주의를 끌기 위해)

아기들은 자주 그들의 어머니의 주의를 끌기 위해 운다.

8 We went outside to enjoy the sunshine.
(햇살을 즐기기 위해)
우리는 햇살을 즐기기 위해 밖으로 나갔다.

9 The company designed a new ad to sell more products.
(더 많은 제품을 팔기 위해)
그 회사는 더 많은 제품을 팔기 위해 새로운 광고를 고안했다.

10 I'm working at a store to earn some pocket money.
(약간의 용돈을 벌기 위해)
나는 약간의 용돈을 벌기 위해 가게에서 일하고 있다.

B

1 to ask a question

2 to have fun

3 to buy a new cell phone

4 to have dinner with my family

5 to build its nest

6 to open the door

7 to reduce waste

8 to congratulate her on her graduation

- -

1 나는 질문을 하기 위해 손을 들었다.

2 우리는 즐기기 위해 파티에 갔다.

3 Joey는 새 휴대폰을 사기 위해 돈을 모으고 있다.

4 나는 가족과 저녁 식사를 하기 위해 일찍 집에 돌아왔다.

5 그 새는 둥지를 짓기 위해 열심히 일했다.

6 나는 문을 열기 위해 버튼을 눌렀다.

7 나는 쓰레기를 줄이기 위해 포장 식품을 사지 않는다.

8 나는 Christina의 졸업을 축하하기 위해 그녀에게 꽃을 좀 보냈다.

C

1 I came here to see you.

2 Megan came to Korea to learn Korean.

3 She mixed flour and water to make bread.

4 It was after ten o'clock. I ran to catch the last bus.

5 We gathered snow to make a snowman.

6 He takes medicine to reduce his back pain.

7 Companies put ads on the Internet to attract customers.

8 Many friends came to congratulate him on his marriage.

UNIT 33 v-ing: v하는 것, v하기

A

2 It began to rain, so they stopped camping.
캠핑하는 것(을)
비가 오기 시작해서 그들은 캠핑하는 것을 멈추었다.

3 I enjoy surfing in the ocean.
바다에서 서핑(파도타기)하는 것(을)
나는 바다에서 서핑하는 것을 즐긴다.

4 He suggests eating pizza tonight.
오늘 밤에 피자 먹기(를)
그는 오늘 밤에 피자를 먹자고 제안한다.

5 She loves singing on stage.
무대에서 노래하기(를)
그녀는 무대에서 노래하는 것을 아주 좋아한다.

6 She remembers suffering from a toothache.
치통을 앓았던 것(을)
그녀는 치통을 앓았던 것을 기억한다.
➡ remember v-ing: 전에 했던 일을 기억하다
   remember to-v: 앞으로 할 일을 기억하다

7 I dislike arguing with people.
사람들과 언쟁하는 것(을)
나는 사람들과 언쟁하는 것을 싫어한다.

8 I regret telling him the truth.
그에게 사실대로 말했던 것(을)
나는 그에게 사실대로 말했던 것을 후회한다.

9 I forgot hanging my coat on the hook.
내 코트를 옷걸이에 걸어 두었던 것(을)
나는 내 코트를 옷걸이에 걸어 두었던 것을 깜빡했다.
➡ forget v-ing: 전에 했던 일을 잊다
   forget to-v: 앞으로 할 일을 잊다

10 In Alaska, people enjoy eating deer.
사슴을 먹는 것(을)
알래스카에서 사람들은 사슴을 먹는 것을 즐긴다.

B

1 Olivia finished writing her report.

2 My father started growing corn last year.

3 My mother hates waking up early.

4 Rachel loves playing with her pet duck.

5 I remember putting the money in my pocket.

6 She avoids eating fast food.

7 We celebrated winning the soccer match.

8 She began decorating the room for the party.

1	Olivia는 보고서 쓰는 것을 끝냈다.
2	내 아버지는 작년에 옥수수를 재배하기 시작하셨다.
3	내 어머니는 일찍 일어나는 것을 싫어하신다.
4	Rachel은 그녀의 애완 오리와 노는 것을 좋아한다.
5	나는 주머니에 돈을 넣었던 것을 기억한다.
6	그녀는 패스트푸드 먹는 것을 피한다.
7	우리는 축구 경기에서 이긴 것을 축하했다.
8	그녀는 파티를 위해 방을 장식하기 시작했다.

C

1 My cat enjoys sleeping in the sun.

2 She likes eating snacks after dinner.

3 The students finished cleaning the classroom.

4 He regrets wasting time when he was young.

5 She suggested going to an Italian restaurant.

6 My children remember climbing the mountain together.

7 He dislikes arguing with his friends.

8 Jack loves reading adventure stories.

9 Do you remember suffering from a fever?

10 William enjoys riding his motorcycle in his free time.

UNIT 34 v-ing: v하고 있는, v하는

A

2 people dancing to the music

3 a crying baby

4 a baby crying for milk

5 flying birds

6 birds flying in the sky

7 a smiling girl

8 a girl smiling at me

9 shopping husbands

10 people shopping in a mall

11 falling snow

12 snow falling from the sky

B

2 우는 아기 3 떨어지는 나뭇잎들 4 짖는 개 5 불타고 있는 집
6 침대 위에서 뛰고 있는 7 창문을 닦고 있는 8 저 가게에서
쇼핑하고 있는 9 오토바이를 타는 10 고양이를 뒤쫓아 가는

---

11 공원에서 놀고 있는 12 공을 던지는

2 우는 아기가 우리를 깨웠다.

3 떨어지는 나뭇잎들을 봐!

4 저 짖는 개에게 뼈를 줘!

5 모두가 불타고 있는 집에서 뛰어 나왔다.

6 침대 위에서 뛰고 있는 남자아이들이 내 남동생들이다.

7 창문을 닦고 있는 남자분이 내 아버지이시다.

8 저 가게에서 쇼핑하고 있는 여자분이 우리 선생님이시다.

9 오토바이를 타는 사람들은 헬멧을 써야 한다.

10 고양이를 뒤쫓아 가는 저 개를 봐.

11 공원에서 놀고 있는 많은 아이들이 있다.

12 공을 던지는 남자아이가 내 아들이다.

C

1 Be careful of that boiling water.

2 I forgot about the water boiling in the kettle!

3 Who is the girl talking with Jessica?

4 I bought my daughter a talking doll.

5 Everyone loves a smiling face.

6 The boy smiling at me is my cousin.

7 Global warming is a growing problem.

8 Look at those farmers growing rice.

9 We took photos of the ducks swimming in the lake.

10 People driving near schools should slow down.

REVIEW TEST

A

1 도착하다 2 광고 3 결정하다 4 고통, 통증 5 주차하다
6 제품, 생산품 7 의사소통하다, 연락하다 8 (마음, 관심을) 끌다
9 선물 10 고객, 손님 11 우주, 공간 12 싫어하다 13 우주선
14 후회하다 15 무대 16 피하다 17 외국의 18 모험 19 지원하다,
부양하다 20 제안하다 21 사과하다 22 대양, 바다 23 줄이다
24 벌다 25 주의, 주목

B

2 작가가 되는 것 / 되기 위해

3 산을 오르는 것 / 오르기 위해

4 우주로 여행하는 것 / 여행하기 위해

5 자전거를 타는 것 / 타기 위해

6 이메일로 연락하는 것 / 연락하기 위해

7 더 많은 제품을 파는 것 / 팔기 위해

8 쓰레기를 줄이는 것 / 줄이기 위해

9 애완동물과 노는 것 / 놀고 있는

10 수영장에서 수영하는 것 / 수영하고 있는

11 치통을 앓는 것 / 앓고 있는

12 교실을 청소하는 것 / 청소하고 있는

13 쌀을 재배하는 것 / 재배하고 있는

14 오토바이를 타는 것 / 타고 있는

15 쇼핑센터에서 쇼핑하는 것 / 쇼핑하고 있는

C

2 치통의 통증을 줄이기 위해 (약을 먹었다)

3 결혼하기를 (희망한다)

4 그의 장래에 대해 생각하기를 (시작했다)

5 헬멧을 쓰지 않고 오토바이를 타는 것은

6 그들의 아파트를 팔기를 (결정했다)

7 체중을 줄이기 위해 (조깅한다)

8 1년 안에 영어를 숙달할 것을 (기대한다)

9 집을 사기 위해 (돈을 모으고 있다)

10 그녀의 결혼을 축하하기 위해 (편지를 썼다)

11 시끄러운 음악을 듣는 것을 (아주 싫어한다)

12 짖는 개들

13 쌀 재배하기를 (중단했다)

14 말하는 인형

15 저녁 식사 후에 간식 먹는 것을 (아주 싫어한다)

16 공원에서 조깅하기를 (제안했다)

17 작년에 바다에서 파도타기한 것을 (기억한다)

18 창문을 닦고 있는

19 공원에서 놀고 있는

20 그렇게 많은 돈을 썼던 것을 (후회한다)

SPECIAL CHAPTER 문장의 연결

UNIT 35 주어, 동사+접속사+주어, 동사

A

1 He felt really tired (after) he climbed Halla Mountain.
그는 한라산을 오른 후에 정말 피곤함을 느꼈다.

2 I didn't know (that) you were a great lover of music.
나는 네가 굉장한 음악 애호가라는 것을 몰랐다.

3 I studied hard (because) I wanted to pass the exam.
나는 시험에 합격하기를 원했기 때문에 열심히 공부했다.

4 (If) you need money, I can lend you some.
네가 돈이 필요하면 내가 좀 빌려 줄 수 있어.

5 She knocked on the door (and) came in.
그녀는 문을 노크하고 들어왔다.

6 This laptop is cool, (but) it is expensive.
이 노트북은 멋지지만 비싸다.

7 We waited (until) she finished her homework.
우리는 그녀가 숙제를 끝마칠 때까지 기다렸다.

8 (When) it rains, we usually stay inside.
비가 올 때 우리는 주로 실내에 머무른다.

9 Alex was hit by a bike (while) he was crossing the street.
Alex는 길을 건너는 동안 자전거에 치였다.

10 (Although) it was hot, she was wearing a jacket.
더웠지만 그녀는 재킷을 입고 있었다.

11 Mom always knocks on the door (before) she enters my room.
엄마는 내 방에 들어오시기 전에 항상 문을 노크하신다.

B

1 I fell off my bike and (I) broke my arm.

2 I knew his name, but I forgot it.

3 He and I were friends when we were little kids.

4 While Eva was reading a book, James was watching television.

5 He did his homework before he watched TV.

6 I went to sleep after I finished the report.

7 The children waited until their parents came back.

8 He was absent because he was sick.

9 If you ask him, he will help you.

10 Although he loves me, I don't like him.

11 My father thinks that I am studying too hard.

중/학/기/본/서 베/스/트/셀/러 ——————

교과서가 달라도,
한 권으로 끝내는
자기 주도 학습서
—————— **뉴런**

국어 1~3 영어 1~3 수학 1(상)~3(하)

사회 ①, ② 과학 1~3 역사 ①, ②

문제 상황

뉴런으로 해결!

 학교마다 다른 교과서 ·····→ 어떤 교과서도 통하는
중학 필수 개념 정리

 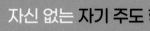 **자신 없는** 자기 주도 학습 ·····→ All-in-One 구성(개념책/실전책/미니북),
무료 강의로 자기 주도 학습 완성

 풀이가 꼭 필요한 수학 ·····→ 수학 강의는 문항코드가 있어
원하는 문항으로 바로 연결